Galería
de arte y vida
NIVEL AVANZADO

Writing Activities Workbook
and
Audio Activities

McGraw Hill Glencoe

New York, New York   Columbus, Ohio   Chicago, Illinois   Peoria, Illinois   Woodland Hills, California

 **Glencoe**

The **McGraw·Hill** Companies

Send all inquiries to:
Glencoe/McGraw-Hill
8787 Orion Place
Columbus, OH 43240-4027

ISBN 0-07-860685-3 (Writing Activities Workbook and
                     Audio Activities, Teacher Edition)
ISBN 0-07-860684-5 (Writing Activities Workbook and
                     Audio Activities, Student Edition)

Printed in the United States of America.

8 9 10 009 10 09 08

Galería
de arte y vida
NIVEL AVANZADO

Writing Activities Workbook
and
Audio Activities

WRITING ACTIVITIES WORKBOOK AND AUDIO ACTIVITIES

CONTENIDO

CUADRO
1

EL ARTE

PRIMERA LECTURA

El encuentro inesperado de una vocación artística

A fines del año 1928, un joven pintor que había nacido en el estado mexicano de Sinaloa, se encontraba en Nueva York. Había venido para vivir entre otros jóvenes artistas todos los cuales se consideraban genios desconocidos. El joven pintor pronto se había dado cuenta de que ninguno de los artistas ni decía ni mostraba nada original; sólo imitaban al estilo de Picasso u otros artistas ya establecidos y de fama internacional.

Entristecido y desilusionado, el joven pensaba sólo en dejar la ciudad y buscar éxito en otro campo.

Una noche asistió a una función de baile moderno. De la galería observó con honda emoción la actuación de los bailarines, decidió cambiar de vocación y buscar su futuro bailando.

Ese joven era José Limón, aclamado por el mundo como uno de los mejores bailarines de la época.

Comprensión

Contesta en frases completas las siguientes preguntas.

1. ¿Dónde nació José Limón?

   1928 en Nueva York

2. ¿Por qué había venido a Nueva York?

   Había venido para vivir entre otros jóvenes artistas todos los cuales se consideran genios desconocidos

3. ¿Por qué estaba desilusionado el joven artista?

   El joven pensaba sólo en dejar la ciudad y buscar su futuro bailando

4. ¿Qué actuación lo influyó profundamente?

   La actuación de los bailarines, decidió cambiar de vocación y buscar su futuro bailando

5. Cuando decidió cambiar de vocación, ¿qué carrera escogió?

   El decidió se bailarín hasta que vio la actuación de
   bailarines.
   noun

SEGUNDA LECTURA

El "Guernica" de Pablo Picasso

En la primavera de 1937, Pablo Picasso, el conocido pintor de Málaga, España, residía entonces en París. Fue comisionado por el Gobierno Español en exilio a pintar un mural para su pabellón en la Feria Mundial en París. La comisión requería que Picasso expresara en una obra el sentido del drama de su patria violada por los fascistas.

Picasso vivía en una época que le permitía la libertad de expresión artística y no demandaba conocimientos generales de España, su historia, su paisaje, su gente, su revelación en la literatura y en la pintura.

Su esfuerzo artístico resultó en la producción de "Guernica", representando el trágico bombardeo y la destrucción total de dicho pueblo por los aeroplanos de Hítler.

Los colores son monocromáticos, de blanco a negro. El drama es actuado por mujeres y por sus acciones de gritar, empujar, correr y caerse. Los animales representan o la agonía y el sufrimiento de la gente, la paz amenazada o el valor y orgullo de los defensores.

"Guernica" no es una obra que satisfaga el sentido estético. Nos ofende que algunos quieran destruir a otros. Pero es una obra maestra surrealista de Picasso.

Comprensión

Contesta en frases completas las siguientes preguntas.

1. ¿Dónde residía Picasso en 1937?

   Málaga, España _____

2. ¿Quién lo comisionó a pintar un mural para la Feria Mundial?

   _____

   _____

3. ¿Cómo se llama el mural que pintó?

"Guernica" se llama del mural

4. ¿Qué representa el mural?

Representaa el tragico bombardeo y la paris
destruccción total de dicho pueblo por los
aeroplanos de Hitler

5. ¿Cuáles son los colores?

Los cobres son monocramáticos.

6. ¿En qué acciones se muestran las mujeres?

_____
_____

7. ¿Qué representan los animales?

Los animales representan o la agonia y el
sufrimento de la genta,la paz amenazada o
valor y orgullo de los defensores

8. ¿Qué clase de obras pintó Picasso?

_____
_____

ESTRUCTURA

Presente de verbos regulares, irregulares y de cambio radical

A Completa las siguientes oraciones con la forma apropiada del verbo indicado.

Modelo: El joven _____ a las dos pero tú no _____ hasta las tres. (venir)
El joven viene a las dos pero tú no vienes hasta las tres.

1. María _____ al museo el sábado, pero nosotros no _____ con ella. (ir)

2. Yo _____ mañana pero tú no _____ a la misma hora. (salir)

3. Yo _____ en este asiento, pero mi amigo es más gordo y no _____ . (caber)

4. Los bufones _____ con sus acciones, y los enanos también _____ . (divertir)

5. Ella _____ la respuesta, pero yo no la _____ . (saber)

6. Yo _____ alto, pero Roberto _____ el más alto de todos. (ser)

7. Papá siempre _____ dulces a los peques, pero yo les _____ frutas. (dar)

8. Mi hermano _____ ir al cine, pero nosotros no _____ acompañarlo. (querer)

9. Los niños _____ tarde el sábado, pero nosotros nunca _____ tarde. (dormir)

10. Mamá _____ la mesa por la mañana, pero yo la _____ por la noche. (poner)

11. Ella _____ un lienzo nuevo, pero nosotros _____ óleos. (pedir)

12. Yo _____ a las doce del día, pero José _____ a las dos de la tarde. (almorzar)

13. Ella _____ su dinero, pero tú _____ historias interesantes. (contar)

14. La profesora _____ los exámenes, y yo _____ mis tareas. (traer)

15. Tú _____ temprano, pero yo _____ tarde todos los días. (venir)

16. Mi hermana mayor _____ sus cursos universitarios en agosto, pero mi hermanita

    y yo _____ nuestras clases en septiembre. (comenzar)

17. Mis abuelos siempre _____ sus cosas, pero mis padres y yo nunca

    _____ nada. (perder)

Nombre _____ Fecha _____

B Forma oraciones originales y lógicas de las columnas sugeridas según los números indicados.

Modelo: 1-1-1
Yo busco un hotel céntrico.

1.	yo	buscar	(a/al/un) hotel céntrico
2.	tú	volver	(a/a la) plaza mayor
3.	él	conducir	(a) la ruta mas directa a la autopista
4.	nosotros	seguir	(a) la esquina indicada en el plano de la ciudad
5.	ellos	escoger	(a/a la/la/una) señal para evitar los líos del tránsito
6.		dirigirse	(al/un) coche económico y en buenas condiciones
7.		encontrar	monedas para el parquímetro

(a) 1-3-6 _____

(b) 4-4-3 _____

(c) 5-6-5 _____

(d) 3-2-2 _____

(e) 1-5-7 _____

(f) 2-1-4 _____

C **Ensayo de la comedia.** El club de teatro ensaya para la presentación anual. El director quiere saber quién hace ciertos papeles.

Modelo: ¿Quién viene preparado para ensayar?
Pilar: *Yo vengo preparada.*

1. ¿Quién sale en la primera escena?

Juanito: Yo _____

2. ¿Quién va al centro del foro?

Ruperto: Yo _____

3. ¿Quién sale entonces con el protagonista?

Aurora: Yo _____

4. ¿Quién trae el manto al foro?

Mónica: Yo _____

5. ¿Quién cae al suelo fusilado?

Rodrigo: Yo _____

6. ¿Quién no vale nada en este reparto?

Mauricio: Yo _____

D Escribe la forma apropiada del verbo indicado.

1. (escuchar)   él _____   Uds. _____   nosotros _____

2. (creer)   yo _____   tú _____   ellos _____

3. (repetir)   yo _____   Ud. _____   nosotros _____

4. (poder)   ella _____   yo _____   nosotros _____

5. (jugar)   tú _____   yo _____   nosotros _____

6. (caer)   yo _____   ella _____   ellos _____

7. (sentir)   tú _____   ellas _____   nosotros _____

8. (empezar)   yo _____   él _____   nosotros _____

9. (cerrar)   yo _____   Ud. _____   nosotros _____

10. (seguir)   tú _____   yo _____   vosotros _____

Los posesivos

E Traduce al español las palabras en inglés.

Modelo: Perdí (her) _____ carta y (yours) _____ .
Perdí su carta y la tuya.

1. Mi hermana dice: "Lleva (your) _____ camisa y no (mine) _____ ".

2. (His) _____ zapatos y (ours) _____ son viejos.

3. Antonio es (our) _____ primo y Alberto es (theirs) _____ .

4. Lo siento mucho, pero esta foto es (mine) _____ , no (Ana's) _____ .

5. (Her) _____ amiga es alta, pero (mine) _____ es baja.

6. Tenemos (their) _____ libros, y ellos tienen (ours) _____ .

7. (Your) _____ compañeras y (mine) _____ van al museo hoy.

8. (Our) _____ tía es más joven que (his) _____ .

9. (His) _____ pintura no es tan vívida como (Frida's) _____ .

10. (Her) _____ pinturas valen más

    que (ours) _____ .

F Escribe cada una de las siguientes frases, cambiando el posesivo de la forma corta a la forma larga.

Modelo: Ana lleva su cartera.
Ana lleva la suya.

1. ¿Dónde está tu cuaderno?

   _____

2. Yo tengo todos mis papeles.

   _____

3. Los alumnos contestan sus preguntas.

   _____

4. Nosotros abrimos nuestros libros.

   _____

5. Ellos preparan sus tareas.

   _____

Los demostrativos

G Completa los espacios con un pronombre demostrativo.

Modelo: Mira esta obra de arte, no _____ .
Mira esta obra de arte, no ésa.

1. Este profesor me conoce, pero _____ no me conoce.

2. Aquella muchacha es mi prima, no _____ .

3. Quiero estas corbatas, no _____ .

4. No deseo leer este periódico sino _____ .

5. Comprendo eso, pero no entiendo _____ .

6. No leí aquel libro, pero he leído _____ varias veces.

7. Carlos y Roberto son mis nietos. Carlos tiene quince años y _____ tiene dieciséis.

8. Esta chica es bonita; ésa es más bonita, y _____ es la más bonita de las tres.

H Traduce al español las siguientes frases.

1. this painting and that one

   _____

2. that book and that one (over there)

   _____

3. these hats and those

   _____

4. this picture frame and that one (near you)

   _____

5. those cloaks and these

   _____

I Contesta cada pregunta con el pronombre demostrativo contrario.

   Modelo: **¿Te gustan esos retratos?**
   No, me gustan éstos.

1. ¿Fuiste a esa fiesta?

   _____

2. ¿Van ustedes a comprar estos regalos?

   _____

3. ¿Quiere Ud. este refresco?

   _____

4. ¿Hizo Miguel esta pintura?

   _____

5. ¿Prefieres aquella tortilla?

   _____

Vocabulario clave

J Completa las siguientes oraciones con una de las palabras de la lista.

el entierro, tachar, extraña, ternura, trasladarse, cálido, un espanto,
hervir, el colmo, ira, colocar, desnudo, desierto

1. Tienes que controlar tu _____ cuando estás tan enojado.

2. El hombre murió ayer y _____ tendrá lugar en dos días.

3. Para preparar el té, es necesario _____ el agua.

4. La _____ de la madre indica que es una persona de mucha sensibilidad.

5. Ponle la ropa al peque; no le conviene correr por la casa casi _____ .

6. El ver tal espectáculo le da _____ a cualquiera.

7. La lista es muy larga. Vamos a _____ algunas palabras.

8. La familia va a _____ de Texas a California.

9. Se dice que ese cuadro de Murillo es _____ del arte religioso.

10. ¿Dónde vamos a _____ ese bonito retrato?

K Haz frases originales con las siguientes palabras y expresiones.

1. querer decir: _____

2. colegio: _____

3. acabar de: _____

4. caprichos: _____

5. echar de menos: _____

EL HUMORISMO

PRIMERA LECTURA

Experimento no muy cómico

Recientemente un experto de iluminación dio una comida fantástica para ilustrar el efecto del color no sólo sobre la vista sino también sobre los sentidos —gusto, tacto y olfato— que están relacionados con ella. Creó el experto un ambiente encantador en el comedor. Una buena orquesta tocaba música agradable; todos los platos y vinos eran de primera calidad. Había flores bonitas por todas partes.

Pero en vez de lámparas eléctricas ordinarias, el anfitrión usó lámparas especiales con filtros para iluminar el cuarto. Esas lámparas hacían desaparecer todos los colores excepto los verdes y los rojos.

Los invitados se sorprendieron al ver en la mesa carne gris, papas rojas, ensalada color de violeta y guisantes negros. La leche era del color de sangre, y el café, un amarillo repugnante. La mayoría de los invitados no pudieron comer. Varios se enfermaron. El experimento fue un éxito completo…, pero no la comida.

Comprensión

Contesta en frases completas las siguientes preguntas.

1. ¿En qué campo era experto el que dio la comida?

   _____

2. Además de la vista, ¿en qué otros sentidos quería el anfitrión ilustrar el efecto del color?

   _____

3. ¿Para qué usó lámparas especiales el anfitrión?

   _____

4. ¿De qué color parecía ser la carne? ¿la leche? ¿el café?

   _____

5. ¿Qué le pasó a algunos de los invitados con este experimento?

   _____

SEGUNDA LECTURA

El día de su cumpleaños el señor García se levantó y de repente aprendió que un grupo de huelguistas (*picket line*) de su fábrica había rodeado su casa dando vueltas llevando grandes carteles.

—¿Qué les pasa a esos tontos?—gritó el senor García. —No hay nadie que pague los salarios tan altos como yo. En ningún otro empleo podían tener mayores bonificaciones (*bonuses*). Aun cuando están enfermos les pago y los ayudo con los gastos del hospital. ¡Animales insoportables! ¡Así me recompensan cuando nunca hemos tenido ningún problema!

Su esposa empezó a reír. Se había dado cuenta del significado de la escena. Los carteles anunciaban: ¡No hay patrón como el nuestro! ¡Viva el señor García! ¡Buenos deseos a nuestro amigo! ¡Felicitaciones!

—Eres tú el tonto, querido—dijo la señora a su marido. —Han venido todos a desearte un feliz cumpleaños. —Y dándole un beso, añadió—Y yo también te lo deseo… ¡aunque no me pagas bastante!

Comprensión

Contesta en frases completas las siguientes preguntas.

1. ¿Qué aprendió el señor García al despertarse?

   _____

2. ¿Qué estaban haciendo los huelguistas?

   _____

3. ¿Cómo ayudó el señor García a sus empleados cuando estaban enfermos?

   _____

4. ¿Por qué empezó a reír su esposa?

   _____

5. ¿Por qué se habían reunido los empleados delante de la casa de su patrón?

   _____

ESTRUCTURA

Los pronombres reflexivos

A Llena los espacios con el pronombre reflexivo apropiado.

1. Yo siempre _____ lavo la cara antes de cepillar _____ los dientes.

2. Si comes demasiado, _____ enfermas.

3. Después de tanto jugar, los chicos no _____ sienten bien.

4. Los sábados _____ despertamos tarde.

5. Nosotros no _____ acostamos tan temprano.

6. Si vosotros _____ acostáis a las nueve, _____ levantaréis con suficiente tiempo para acompañarnos.

7. Cuando hace frío, María siempre _____ pone un suéter.

8. Nunca _____ aburro cuando estoy solo.

B Contesta las siguientes preguntas en frases completas usando la respuesta sugerida.

   Modelo: ¿Con quiénes se encuentra Ud. después de las clases? (amigos)
   Después de las clases me encuentro con mis amigos.

1. ¿Cómo se siente Roberto hoy? (bastante bien)

   _____

2. ¿Cómo te vistes para ir a la playa? (traje de baño)

   _____

3. ¿A qué hora se desayunan Uds. los domingos? (las diez)

   _____

4. Si trabajan todo el día, ¿se cansan ellos? (sí, mucho)

   _____

5. ¿Cómo se llama la nueva alumna? (Angélica)

   _____

C Llena el espacio con la forma apropiada del verbo reflexivo indicado.

1. No me gusta _____ por la mañana. (peinarse)

2. Mi hermano y yo _____ muy tarde los sábados. (levantarse)

3. Ellos _____ a las cuatro en punto. (irse)

4. Si escuchas tal música por mucho tiempo, ¿_____ el oído? (dolerse)

5. ¡No hay clases hoy! El profesor _____ enfermo. (sentirse)

Los mandatos directos

D Completa la tabla con los mandatos afirmativos de los verbos indicados.

VERBO	MANDATO FORMAL		MANDATO FAMILIAR	
	Singular	Plural	Singular	Plural
(hablar)	hable	hablen	habla	hablad
(decir)				
(buscar)				
(ser)				
(oír)				
(empezar)				
(sentarse)				
(escoger)				
(seguir)				
(saber)				
(venir)				
(poner)				
(ir)				
(tener)				
(salir)				
(hacer)				

E Cambia el mandato afirmativo al correspondiente mandato negativo.

1. pon _____

2. vende _____

3. haz _____

4. ve _____

5. contad _____

6. comienza _____

7. vuelve _____

8. pide _____

9. despiértate _____

10. responded _____

F Cambia los mandatos directos a los mandatos indirectos negativos según el modelo.

Modelo: Entremos en esta tienda. (ellos)
Que no entren en esta tienda.

1. Comamos esta tortilla con queso. (tú)

_____

2. Pidamos un nuevo libro de español. (ella)

_____

3. Sentémonos en una mesa para el público. (ellos)

_____

4. Demos este premio a los que ganen el juego. (Ud.)

_____

5. Subamos al tercer piso. (María y Juanito)

_____

G Cambia los mandatos directos afirmativos, con *vosotros (as),* a los negativos.

1. dad _____

2. salid _____

3. id _____

4. sentaos _____

5. comed _____

H Escribe las siguientes frases cambiando el mandato familiar afirmativo al mandato familiar negativo.

1. Cómprame ese regalo, por favor.

   _____

2. Lee el cuento de este autor.

   _____

3. Repite estas frases en coro.

   _____

4. Busca otro libro en la biblioteca.

   _____

5. Mete la carta al buzón.

   _____

6. Vístete formalmente.

   _____

7. Duerme en esa cama preparada.

   _____

8. Corrige todas las faltas indicadas en el papel.

   _____

9. Justifica tu respuesta, Antonio.

   _____

10. Cuéntame un chiste interesante.

   _____

Ser y estar

I Llena los espacios con la forma apropiada de *ser* o *estar*.

Mis mejores amigos (**1**) _____ Juan, Miguel y Rosa. Conozco a Juan hace muchos años. (**2**) _____ un joven alto, guapo y de ojos azules. Miguel (**3**) _____ de Puerto Rico y acaba de trasladarse de San Juan. (**4**) _____ en el primer año de sus estudios universitarios. Rosa (**5**) _____ mi compañera constante. Vamos juntas por todas partes y todos creen que (**6**) _____ hermanas aunque ella (**7**) _____ rubia y yo (**8**) _____ morena.

Hoy (**9**) _____ sábado e íbamos a caminar en un parque que (**10**) _____ cerca de mi casa, pero (**11**) _____ una lástima que tengamos que cambiar los planes. Ayer, Juan (**12**) _____ ausente y oigo decir que todavía (**13**) _____ enfermo. Miguel (**14**) _____ visitando a unos parientes suyos, y Rosa (**15**) _____ en casa porque (**16**) _____ obligada a ayudar a su mamá.

¿Ves por qué el día no va a (**17**) _____ tan agradable como habíamos planeado? ¡Ojalá que el próximo sábado (**18**) _____ mejor!

J Completa las frases siguientes con la forma apropiada de *ser* o *estar*.

1. ¿De dónde _____ los nuevos vecinos?

2. Mi profesor de español _____ muy inteligente.

3. ¿Dónde _____ la oficina de correos? Necesito comprar sellos.

4. Yo _____ muy bien, gracias.

5. Todos los fotógrafos _____ presentes.

6. Ayer dejé mi carta en la mesa, pero hoy no _____ allí.

7. Pepe y Pablo _____ muy fuertes.

8. ¿Quién _____ ese señor? No lo conozco.

9. Él _____ capitán de nuestro equipo de fútbol.

10. Mi clase de historia _____ a las diez.

K Completa la siguiente conversación con formas apropiadas de *ser* o *estar*.

Paquita (**1**) _____ en cama. (**2**) _____ muy enferma. (**3**) _____ una

chica bonita que (**4**) _____ muy alta para sus catorce años. Hoy su cara (**5**) _____

muy pálida. (**6**) _____ muy contenta al saber que su amiga Graciela (**7**) _____

presente para consolarla.

Graciela: Buenos días, Paquita. ¿Cómo (**8**) _____ hoy?

Paquita: (**9**) _____ mejorando. ¿Qué hay de nuevo?

Graciela: Mis padres han alquilado una casa cerca de la playa. (**10**) _____ preciosa.

(**11**) _____ de un solo piso, pero tiene cuatro dormitorios.

Paquita: ¿No (**12**) _____ demasiado grande para tres personas?

Graciela: Mis tíos que (**13**) _____ de Caracas (**14**) _____ de visita y pasarán

un mes con nosotros. Los otros dormitorios (**15**) _____ ocupados por ellos.

Paquita: (**16**) _____ evidente que (**17**) _____ una casa muy conveniente

para ustedes.

Graciela: Si quieres gozar de unos días en la playa, (**18**) _____ posible que haya espacio

para ti también. Pero ya (**19**) _____ tarde. Tengo que irme.

Paquita: ¿Qué hora (**20**) _____ ?

Graciela: (**21**) _____ las cuatro y media. Adiós, niña, cuídate bien. Tal vez te veré mañana

si todavía (**22**) _____ en cama.

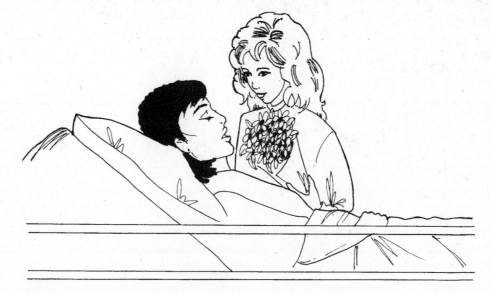

El tiempo progresivo

L **¿Qué está pasando allí?** Los padres de Beto y Oscar son sordos. A veces los chicos son muy traviesos. Como los padres no oyen, no se quejan, pero los vecinos sí. Considera lo que están haciendo en este momento.

Modelo: **El padre lee en el segundo piso.**
El padre está leyendo en el segundo piso.

1. La madre duerme en su habitación.

   _____

2. Beto toca el tambor.

   _____

3. Oscar grita palabrotas (*naughty words*) a las chicas de la casa de al lado.

   _____

4. Unos amigos patinan en la sala.

   _____

5. Pablo monta la patineta (*skateboard*) en la cocina.

   _____

6. Otros vecinitos marchan alrededor y sobre los muebles de la sala.

   _____

7. Lucas da golpes en el piano.

   _____

8. Otros juegan a vaqueros e indios.

   _____

9. Todos se divierten cantidad.

   _____

10. Una amiga de la familia piensa callarlos.

    _____

11. Casi todos los chicos huyen de la casa.

    _____

12. Y arriba, el padre lee con calma.

_____

13. Ya la madre se viste para bajar.

_____

M Escribe las frases siguientes, traduciendo al español las palabras en inglés usando el tiempo progresivo.

1. La señora González (*kept on saying*) la misma cosa.

La señora González _____ la misma cosa.

2. Porque hacía mucho frío (*they were running*) para calentarse.

Porque hacía mucho frío _____ para calentarse.

3. ¿Qué (*is eating*) Raúl?

¿Qué _____ Raúl?

4. (*We are reading*) una novela escrita por Cervantes.

_____ una novela escrita por Cervantes.

5. En este momento (*is falling*) la lluvia.

En este momento _____ la lluvia.

N Escribe frases en el tiempo progresivo usando cada grupo de palabras.

Modelo: **chicos/ estar/ mirar/ pájaros/ en su jaula.**
Los chicos están mirando los pájaros en su jaula.

1. empleado/ estar/ vender/ sellos/ ventanilla/ correo

_____

2. coleccionista/ estar/ acariciar/ gato/ fingir/ interés

_____

3. qué/ estar/ hacer/ niños/ detrás de/ casa

_____

4. juez/ estar/ leer/ último/ testamento/ señor Álvarez

_____

5. para/ ver/ si/ hay/ cartas/ hombre/ estar/ examinar/ apartado

_____

O Escribe las siguientes frases sustituyendo el gerundio por la cláusula adverbial indicada según el modelo.

Modelo: *Al pasar por la cocina, vi a mamá preparando la comida.*
Pasando por la cocina, vi a mamá preparando la comida.

1. *Por ser ya tarde,* cerraron la ventanilla.

_____

2. *Cuando se dio cuenta de la hora,* dejó de trabajar.

_____

3. *Al ver el cartel,* se enteró que no había paso por esta calle.

_____

4. *Cuando oyó la campana,* supo que la clase había terminado.

_____

5. *Al echar la carta en el buzón,* recordó que no había puesto sello en el sobre.

_____

Vocabulario clave

P Completa las siguientes oraciones con una palabra o una expresión apropiada.

1. El granizo cayó durante una hora sobre la _____ , la _____ ,

   el _____ y todo el _____ .

2. El campo quedó blanco como _____ .

3. Lencho ya no sentía alegría sino _____ .

4. El _____ no dejó nada en las plantas.

5. Pasaron la noche muy tristes pero en sus corazones guardaban una _____ .

6. No se afligieron demasiado porque recordaron que nadie _____ .

7. Lencho pasó la noche pensando en la _____ .

8. Aunque Lencho era hombre de poca educación, sabía _____ .

9. En su carta a Dios pidió _____ para _____

   y _____ mientras _____ viene.

10. Después de poner el _____ a la carta, la echó en el _____ .

Q En muchos periódicos hay secciones dedicadas a contestar las preguntas de los lectores que tienen problemas personales. La Señora Consejera del Diario aconseja por medio de su columna a tales lectores. Aquí hay una carta escrita por una señorita que se llama "Vanidosa pero enamorada".

Lee la carta. Después, contesta las preguntas.

Muzquiz Pte. 424, Int. 3
Saltillo, Coahuila
México
5 de junio

Señora Consejera
El Diario
Apartado 333
Saltillo, México

Estimada Señora Consejera:

Hace dos años me operaron por apendicitis, lo que me dejó con una cicatriz bien fea.

En el verano mi novio y yo pasamos mucho tiempo en la playa, y él insiste en que yo lleve un bikini. Tengo una figura escultórica y los bikinis me quedan bien, pero como me siento tan incómoda a causa de la cicatriz (parece a una enorme araña), siempre llevo un traje de baño de una sola pieza. Mi novio se enfurece. Se enfada tanto que tenemos argumento tras argumento, y ayer me dijo que no me acompañaría más a la playa hasta que sepa vestirme a la moda de las demás.

Temo que el amor se marchite, pero no puedo exponerme a todas esas miradas curiosas. ¿Qué… debo hacer? Ayúdeme, por favor, Señora Consejera.

Sinceramente,

Vanidosa pero enamorada

Comprensión

Contesta las siguientes preguntas en frases completas.

1. ¿Quién escribió la carta?

   _____

2. ¿Quién es la destinataria?

   _____

3. ¿Qué es el saludo?

   _____

4. ¿Qué palabra de despedida emplea la escritora?

   _____

5. ¿Por qué lleva la escritora un traje de baño de una sola pieza?

   _____

6. ¿Qué quiere el novio de la señorita?

   _____

7. ¿Qué pide la escritora a la consejera?

   _____

8. ¿Cómo firma la remitente la carta?

   _____

9. Clasifica la carta. ¿Es privada y personal? ¿Es una carta comercial?

   _____

10. Y tú, ¿qué dices? En el espacio de abajo contesta la carta como si fueras la Señora Consejera. Que tenga tu carta un encabezamiento, un(a) destinatario(a), un saludo apropiado, unas líneas a propósito del consejo que piensas ofrecer, una despedida apropiada y tu firma.

    _____

    _____

    _____

    _____

    _____

    _____

CUADRO

3

EL HEROÍSMO

PRIMERA LECTURA

La Guerra Civil de España

En 1936 comenzó la Guerra Civil de España después de largos años de descontento. Costó casi un millón de almas y la destrucción parcial o completa de muchas ciudades. Fueron cometidas muchas injusticias sangrientas por los dos partidos. La guerra duró casi tres años, y es sin duda, la mayor tragedia de la historia de España. Los españoles se dividieron en dos facciones, los republicanos y los nacionalistas. Los republicanos recibieron ayuda de Rusia. Es innegable que había muchos comunistas entre ellos aunque no todos los republicanos eran comunistas. Los nacionalistas fueron ayudados por Hítler y Mussolini. Su jefe era Francisco Franco quien fue el jefe supremo del país desde que terminó la guerra hasta su muerte en 1975.

Comprensión

Contesta en frases completas las siguientes preguntas.

1. ¿En qué año comenzó la Guerra Civil de España?

   _____

2. ¿Cuántas personas murieron durante esa guerra?

   _____

3. ¿Cuáles son las dos facciones que separaban a los españoles?

   _____

4. ¿Qué país ayudó a los republicanos?

   _____

5. ¿Quién era el jefe de los nacionalistas?

   _____

6. ¿Cuántos años duró el gobierno de Franco?

   _____

SEGUNDA LECTURA

España romanizada

Numancia, dramatizada por Cervantes en una épica tragedia en verso, es el símbolo inmortal de la resistencia del pueblo celtíbero desorganizado en lucha a muerte contra Roma.

Los seis mil defensores numantinos prefirieron morir o suicidarse todos en masa antes de entregarse a los romanos. Cuando Escipión el Africano, el general que había derrotado a Aníbal de Cartago, entró en la ciudad en llamas, no pudo encontrar un solo numantino vivo de muestra para contarle la historia del holocausto colectivo de los sitiados.

Con el tiempo, los celtíberos que ya habían recibido infusiones de sangre de otras razas llegadas a la Península, mezclaron su ya mezclada sangre con la de los invasores romanos. Desde entonces sólo hubo un pueblo: hispanorromanos. La lengua, las leyes y las costumbres fueron en parte adoptadas en la Península. España se romanizó. Ya no era una colonia, sino una parte integrante e orgullosa de Roma. Los españoles no eran vasallos, sino ciudadanos romanos que disfrutaban de todos los derechos inherentes a la soberanía. Cuatro españoles llegaron a ser emperadores romanos: Trajano, Adriano, Marco Aurelio y Teodosio el Grande. Séneca, el gran filósofo estoico, y otras ilustres figuras de la intelectualidad romana eran españoles. Así es cómo España se convierte en un país latino, además de lo que había sido antes, y además de lo que la historia le reservaba para el porvenir.

Comprensión

Contesta en frases completas las siguientes preguntas.

1. ¿Qué autor dramatizó en verso a Numancia?

   _____

2. ¿Cuántos defensores lucharon contra las fuerzas romanas en Numancia?

   _____

3. ¿A quién había derrotado Escipión antes de ir a España con sus tropas?

   _____

4. ¿Quiénes se juntaron para formar el pueblo hispanorromano?

   _____

5. ¿Qué adoptaron los españoles de los romanos?

   _____

6. Nombra a los españoles que llegaron a ser emperadores romanos.

   _____

   _____

7. ¿Cómo se llamaba el filósofo romano que era español? _____

   _____

ESTRUCTURA

El presente del subjuntivo

A Forma frases completas usando las palabras sugeridas, según el modelo.

Modelo: Yo / querer / tú / ir
Yo quiero que tú vayas.

1. Él / desear / ella / estar aquí

_____

2. Ud. / permitir / nosotros / salir

_____

3. Yo / pedir / ellos / ayudarnos

_____

4. Tú / insistir en / yo / preparar la cena

_____

5. Nosotros / mandar / Uds. / sentarse

_____

6. Yo / dudar / ellos / estudiar

_____

7. Yo / no creer / tú / llegar pronto

_____

8. Ellos / alegrarse / yo / acompañarlos

_____

9. Él / sentir / ella / estar enferma

_____

10. Nosotros / tener miedo de / Ud. / cometer un error

_____

11. Yo / quedarse / hasta que / ellos / regresar

_____

12. Tú / salir / antes de que / yo / volver

_____

13. En cuanto / yo / llegar / ella / servir la comida

_____

14. Yo / decirlo / para que / tú / saberlo

_____

15. Nosotros / hacerlo / tan pronto como / Ud. / volver

_____

16. Aquí / no hay nadie / poder / hacerlo

_____

17. Ellos / necesitar / una persona / bailar bien

_____

18. Ellos / querer / un tocadiscos / funcionar bien

_____

19. Uds. / buscar / un intérprete / saber / italiano

_____

20. Ellas / pensar / tener la ceremonia / en un lugar / estar cerca

_____

21. Ser dudoso / ellos / poder hacerlo

_____

22. Ser posible / tú / saber la respuesta

_____

23. No ser cierto / Ana / volver temprano

_____

24. Ser importante / tú / entregar la carta

_____

25. Ser mejor / ellos / quedarse en casa

_____

La voz pasiva con se

B Escribe las doce frases siguientes usando la voz pasiva con *se* y las palabras indicadas.

> **Modelo: se / prohibir / fumar / en el restaurante**
> *Se prohíbe fumar en el restaurante.*

1. hablarse / español / en este sitio

   _____

2. Se / darme / muchos regalos para Navidad

   _____

3. En mi país / hablarse / portugués

   _____

4. ¿Cómo / decirse / eso / en español?

   _____

5. Se / leernos / ese cuento / ayer

   _____

6. Acabarse / el trabajo / a las seis

   _____

7. Celebrarse / el día / de su santo

   _____

8. Cerrarse / las puertas / temprano

   _____

9. Tocarse / música / extraña / en este teatro

   _____

10. Estacionarse / los coches / en este lado / de la calle

    _____

11. Venderse / libros / en la librería

    _____

12. En la playa / oírse / el ruido de las olas

    _____

La voz pasiva con ser y el participio pasado

C Cambia las siguientes frases del pretérito a la voz pasiva con *ser* y el participio pasado.

1. Su amigo escribió la carta.

   _____

2. Los ricos donaron ropa usada a los pobres.

   _____

3. Los alumnos contribuyeron dinero a una causa especial.

   _____

4. Lope de Vega escribió muchas obras en verso.

   _____

5. Un mecánico bueno hizo las reparaciones en mi carro.

   _____

6. Cristóbal Colón descubrió América en 1492.

   _____

7. Mis abuelos le regalaron un reloj a mi hermano.

   _____

8. Mis padres arreglaron la boda de mi hermana.

   _____

Los mandatos indirectos

D Cambia las siguientes frases declarativas a mandatos indirectos según el modelo.

Modelo: **Roberto quiere estudiar solo.**
Que estudie solo.

1. Papá quiere acostarse ahora.

   _____

2. El peque no quiere beber la leche.

   _____

3. El campesino no quiere cultivar el maíz.

   _____

4. Martín quiere escribir una composición.

   _____

5. La Cruz Roja quiere ayudar a las víctimas.

   _____

6. El artista quiere pintar tu retrato.

   _____

7. Los jóvenes quieren ir al parque.

   _____

8. Mario quiere preparar las fajitas.

   _____

9. El director quiere anunciar los resultados.

   _____

10. Beto quiere leer la revista.

    _____

11. Elena quiere irse a casa.

    _____

12. Manuel quiere comprar el cuadro.

    _____

El presente de subjuntivo con expresiones impersonales

E **Las vacaciones navideñas.** ¿Qué van a hacer estas personas durante las vacaciones de diciembre? ¿Son firmes y concretos sus planes? Construye oraciones lógicas, escogiendo sucesivamente de cada lista. No todas las combinaciones son posibles.

Modelo: 1-1-1-1
Es posible que yo estudie para los exámenes y que escriba el informe.

1. Es posible que	1. yo	1. estudiar para los exámenes	1. escribir el informe
2. Es cierto que	2. tú	2. vender los esquís	2. comprar nuevos
3. Es importante que	3. su amigo	3. ir a esquiar en Colorado	3. ver los desfiles en la tele
4. Es verdad que	4. nosotros	4. trabajar de día	4. salir de noche
5. Es dudoso que	5. ellos	5. salir en seguida	5. tocar con ese combo
			6. subir montañas
			7. recibir regalos y devolverlos
			8. conocer gente y corresponder

EL INDIO

PRIMERA LECTURA

La rebelión de los indígenas

Fue costumbre entre los conquistadores repartirse los nativos de las tierras descubiertas, con el fin de que les ayudasen en sus tareas colonizadoras (trabajos agrícolas, construcción de viviendas, cría de ganado, etc.). A cambio de este servicio, los nativos repartidos debían ser instruidos en la fe cristiana y alfabetizados.

Desgraciadamente, muchos de los conquistadores olvidaron sus deberes y abusaron de los indígenas, reduciéndolos prácticamente a la esclavitud.

En un principio los aborígines habían admirado a los recién llegados por su valor y su audacia, e inclusive los creyeron inmortales, pero al ser ofendidos y al darse cuenta de que los españoles también morían, se rebelaron y trataron de exterminarlos.

Esto fue lo que ocurrió en 1511. El cacique Agueynaba, disgustado con los españoles, animó a sus súbditos a rebelarse, solicitando además el apoyo de los caribes.

Ponce de León y sus capitanes ayudados por refuerzos llegados de la isla de Santo Domingo, lograron sin embargo dominar la sublevación, gracias a lo cual la paz volvió a reinar en la isla.

Comprensión

Contesta en frases completas las siguientes preguntas.

1. ¿Para qué se repartían a los indios entre los conquistadores?

   _____

2. ¿Qué responsabilidad tenían los terratenientes a cambio de este servicio?

   _____

   _____

3. ¿Por qué se rebelaron los aborígines?

   _____

   _____

4. ¿Quién organizó la rebelión de 1511?

   _____

SEGUNDA LECTURA

El rastreador

El rastreador es un personaje grave, circunspecto, cuyas aseveraciones hacen fe en los tribunales inferiores. La conciencia del saber que posee le da cierta dignidad reservada y misteriosa. Todos lo tratan con consideración; el pobre, porque puede hacerle mal, calumniando o denunciándolo; el propietario, porque su testimonio puede fallarle.

Un robo se ha ejecutado durante la noche; no bien se nota, corren a buscar una pisada del ladrón y, encontrada, se cubre con algo para que el viento no la disipe. Se llama en seguida al rastreador, que ve el rastro y lo sigue sin mirar sino de tarde en tarde el suelo, como si sus ojos vieran de relieve esta pisada que para otro es imperceptible. Sigue el curso de las calles, atraviesa los huertos, entra en una casa y, señalando un hombre que encuentra, dice fríamente: "¡Éste es!" El delito está probado, y raro es el delincuente que resiste a esta acusación. Para él, más que para el juez, la deposición del rastreador es la evidencia misma; negarla sería ridículo, absurdo. Se somete, pues, a este testigo que considera como el dedo de Dios que lo señala.

(Fragmento de *Facundo* de Domingo Faustino Sarmiento)

Comprensión

Contesta en frases completas las siguientes preguntas.

1. Describe el rastreador de profesión.

    _____

    _____

2. ¿Qué efecto tiene en el rastreador la conciencia del saber que posee?

    _____

    _____

3. ¿Cómo trata la gente al rastreador? ¿Por qué?

    _____

    _____

4. ¿Qué hace el rastreador cuando va en busca de un ladrón?

    _____

5. ¿Resisten muchos delincuentes la acusación del rastreador? ¿Por qué?

    _____

ESTRUCTURA

El pretérito y la colocación de los pronombres de objetos

A **¿Quién lo hizo?** Completa las preguntas con la forma apropiada del pretérito. Después, contesta las preguntas con la(s) persona(s) indicada(s), colocando el objeto en su debido lugar, según el modelo.

Modelo: **¿Quiénes (buscar) la ruta a Sonora? (los soldados españoles)**
¿Quiénes buscaron la ruta a Sonora?
Los soldados españoles la buscaron.

1. ¿Quiénes (atacar) a los españoles? (los yaquis)

   _____

   _____

2. ¿Quiénes (derrotar) a los conquistadores? (los yaquis indomables)

   _____

   _____

3. Años más tarde, ¿quién (iniciar) una nueva acción para dominar a los indios? (el gobierno federal)

   _____

   _____

4. ¿Quiénes (escuchar) los lamentos de los indios? (los oficiales del gobierno)

   _____

   _____

5. ¿Quién (mandar) a los yaquis a Yucatán? (el gobierno federal)

   _____

   _____

6. ¿Quiénes (empezar) a recibir a los indios? (los terratenientes de la región)

   _____

   _____

7. ¿Quiénes (entregar) los indios a los ricos dueños? (unos oficiales)

   _____

   _____

Nombre _____ Fecha _____

B **Una tarde aburrida.** ¿Qué hicimos tú y yo cuando llovió toda la tarde?

Modelo: no salir de casa / no asistir al partido de tenis
Yo no salí de casa. Tú no asististe al partido de tenis.

1. leer un libro / escribir cartas

_____

2. meter una pizza al horno (*oven*) / repartir servilletas

_____

3. comer en la cocina / divertirse delante del televisor

_____

4. concluir el libro / volver a escribir

_____

5. decidir hacer los deberes / construir un avión modelo

_____

_____

6. corregir los errores / discutir algún problema por teléfono

_____

7. perder el bolígrafo / descubrirlo debajo del sofá

_____

_____

8. aprender las fechas para la clase de historia / ofrecerse a ayudar

_____

_____

9. encender las luces / mover la lámpara a un mejor sitio

_____

10. recibir un paquete del abuelo / abrirlo

_____

11. salir de la sala / esconder el contenido del paquete

_____

C Repite el Ejercicio B usando los sujetos siguientes: *"Ramón, sus hermanos, nosotros"* y *"Ud."*

Modelo: *Ramón no salió de casa.*
Sus hermanos no asistieron al partido de tenis.
Nosotros no salimos de casa.
Ud. no asistió al partido de tenis.

1. _____
_____
_____
_____

2. _____
_____
_____
_____

3. _____
_____
_____
_____

4. _____
_____
_____
_____

5. _____
_____
_____
_____

6. _____

_____

_____

_____

7. _____

_____

_____

_____

8. _____

_____

_____

_____

9. _____

_____

_____

_____

10. _____

_____

_____

_____

11. _____

_____

_____

_____

Galería de arte y vida   WORKBOOK

D **Primera visita a los Estados Unidos.** Un estudiante de intercambio describe los primeros días de su visita a los Estados Unidos. Cambia el relato al pretérito.

1. Compro el billete en Sevilla, pero tomo el avión en Málaga.

   _____

2. Duermo un poco y converso con otros pasajeros.

   _____

3. Como durante el vuelo, pero no me gusta.

   _____

4. El avión llega a Nueva York, pero debido al mal tiempo, aterrizamos en Boston.

   _____

   _____

5. Leo un poco de la historia y así comprendo la importancia de esta gran ciudad.

   _____

   _____

6. Yo practico la pronunciación de *Massachusetts* pero no la pronuncio bien.

   _____

   _____

7. Al día siguiente viajo en tren a Nueva York y miro el paisaje interesante.

   _____

   _____

8. Asisto a un concierto que me gusta mucho.

   _____

9. Subo a la Estatua de la Libertad y veo un panorama fantástico.

   _____

10. Asisto a clases durante nueve meses y vuelvo a España a fin de año.

   _____

11. Es un año fenomenal.

   _____

E **Un accidente al lado de la escuela.** El mes pasado hubo un accidente en el estacionamiento del colegio. ¡Cuánta confusión! ¡Mucho movimiento, gritos y espanto! ¡Un verdadero follón! Llenando los espacios con el verbo indicado, expresa en el pretérito lo que pasó.

Modelo: **Dos coches _____ ayer al mediodía. (chocar)**
   Dos coches chocaron ayer al mediodía.

1. Al principio _____ mucha confusión. (haber)

2. Los pasajeros de enfrente _____ con el parabrisas. (dar)

3. Yo no _____ abrir la puerta de mi lado. (poder)

4. Una profesora _____ al teléfono y _____ por una ambulancia. (ir / llamar)

5. Solamente _____ una ambulancia porque la profesora no _____ cuenta de que seis chicos estaban heridos. (venir / darse)

6. Por cierto, todos no _____ en un sólo vehículo. (caber)

7. _____ necesario llamar por dos ambulancias más. (ser)

8. Los socorristas _____ que dar primeros auxilios. (tener)

9. Todo el mundo _____ ayudar en alguna forma. (querer)

10. Unos, tratando de ayudar, _____ hielo y toallas del Departamento de Economía Doméstica. (traer)

11. Nuestros compañeros _____ nuestras pertenencias y las _____ en la oficina central. (recoger / poner)

12. Cuando los padres _____ del accidente, _____ corriendo a vernos en el hospital. (saber / venir)

F **¿Fue ayer un buen día?** ¿Qué hicieron estas personas? En tu opinión, ¿lo pasaron bien? Construye oraciones lógicas, escogiendo ideas de cada lista.

Yo	romper	el examen difícil de física
Tú	tomar	los cristales de la ventana
Mi primo	esconder	un dolor de cabeza
Nosotros	dirigir	el coro de la presentación teatral
Los oficiales	sufrir	(a) los chicos agresivos
Ustedes	proteger	récord del campeón
	aplaudir	el dinero robado del banco

1. _____

2. _____

3. _____

4. _____

5. _____

G **Y tú, ¿qué dices?** ¿Lo pasaste bien ayer? Relata cinco eventos de ayer y di si te gustaron o no. Trata de decir por qué.

1. _____

_____

2. _____

_____

3. _____

_____

4. _____

_____

5. _____

_____

El imperfecto

H **Vacaciones en Colorado.** En la reunión familiar para celebrar el Día de Acción de Gracias, todos recuerdan sus vacaciones pasadas. Hablan de dos acciones que ocurrían al mismo tiempo.

Modelo: Mientras todos (vivir) juntos, (ir) a Colorado cada verano.
Mientras todos vivíamos juntos, íbamos a Colorado cada verano.

1. Mientras Papá (conducir) los demás (hablar) y (cantar),

_____

2. Mientras Papá (ir) a 55 millas por hora, Mamá no (quejarse).

_____

3. Mientras ellos (escuchar) las noticias en la radio, mis hermanos y yo (escuchar) nuestros cassettes.

_____

_____

4. Mientras (nosotros viajar) en plan familiar, (pasar) las noches en moteles con piscina.

_____

_____

5. Mientras (nosotros pasar) por Texas, (sufrir) de calor.

_____

6. Mientras (nosotros subir) las montañas, (poder) ver paisajes formidables.

_____

_____

7. Mientras (nosotros acampar) en los parques nacionales, (dormir) en bolsas de dormir.

_____

_____

8. Mientras Papá nos (llevar) a pescar, Mamá (entretenerse) buscando artesanías.

_____

_____

9. Mientras (nosotros cenar) al aire libre, unos venados (acercarse) para buscar comida.

_____

_____

Los usos del pretérito y el imperfecto

I **Una enfermedad prolongada.** Hace unos años yo tuve la fiebre reumática. Tuve que guardar cama durante más de cuatro meses. Afortunadamente, mis amigos no se olvidaron de mí. Completa el relato con las formas apropiadas del pretérito o el imperfecto.

Una noche cuando yo (tener) **(1)** _____ ocho años,

(enfermarme) **(2)** _____ de repente. Mis padres

(tener) **(3)** _____ que llamar al médico que (querer) **(4)** _____

verme en el hospital en seguida. Mientras mis padres (llevarme) **(5)** _____

al hospital, (sentirme) **(6)** _____ muy mal y

(tener) **(7)** _____ mucha fiebre. Los enfermeros

(llevarme) **(8)** _____ a una sala pequeña donde

(examinarme) **(9)** _____ , (hacerme) **(10)** _____

muchas preguntas y (sacarme) **(11)** _____ sangre.

Yo (tener) **(12)** _____ miedo porque no (saber) **(13)** _____

qué (pasar) **(14)** _____ . Yo (estar) **(15)** _____

muy confuso. Después que el Dr. Morales (llegar) **(16)** _____

y (estudiar) **(17)** _____ los resultados de los análises,

(tratar) **(18)** _____ de consolarme. Él (decir) **(19)** _____

que no (haber) **(20)** _____ peligro si yo (estar) **(21)** _____

dispuesto a seguir sus órdenes. Yo (decirle) **(22)** _____

que sí porque (querer) **(23)** _____ jugar con mi nueva bicicleta.

Él (felicitarme) **(24)** _____ y (recetarme) **(25)** _____

unas medicinas. Después unos ayudantes (llevarme) **(26)** _____

a mi cuarto donde una enfermera (darme) **(27)** _____ una pastilla.

En poco tiempo (dormirme) **(28)** _____ profundamente.

Durante esos días yo (mirar) **(29)** _____ mucho la tele, pero yo

(estar) **(30)** _____ aburrido porque no (gustarme) **(31)** _____

las telenovelas y no (poder) **(32)** _____ incorporarme en la cama. Todos los días

mis amigos (venir) **(33)** _____ a verme y (decirme) **(34)** _____

lo que (hacer) **(35)** _____ en clase. Una tarde la profesora

(visitarme) **(36)** _____ y (traerme) **(37)** _____ un aparato

telefónico que (permitirme) **(38)** _____ participar en las actividades de ciertas clases.

Yo (estar) **(39)** _____ en el hospital por dos semanas y luego

(ir) **(40)** _____ a casa, pero no (poder) **(41)** _____

caminar. (Guardar) **(42)** _____ cama durante cuatro meses. Cuando

(levantarme) **(43)** _____ (estar) **(44)** _____ muy débil.

Yo (perder) **(45)** _____ muchas clases y trabajos, pero

no (perder) **(46)** _____ a ningún amigo porque ellos

(ser) **(47)** _____ muy fieles. (Hablarme) **(48)** _____

por teléfono regularmente y yo (recibir) **(49)** _____ muchas tarjetas,

libros y otros regalos. Lo más importante es que (poder) **(50)** _____

continuar con todos mis intereses felizmente.

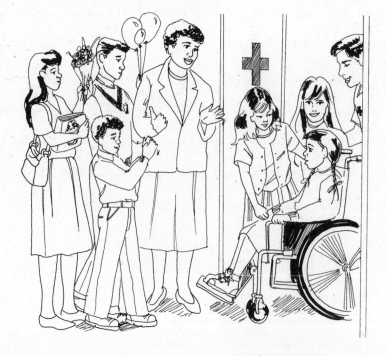

J **¿Una vez o muchas veces?** Completa las ideas siguientes con el pretérito o el imperfecto. Atención a las indicaciones ofrecidas.

Modelo: **En aquella época / yo / (estudiar) el sistema jurídico**
Una semana en París / él

En aquella época yo estudiaba el sistema jurídico.
Una semana en París él estudió el sistema jurídico.

1. Ayer / yo / (conocer) a los Sres. Puig
   Durante muchos años / nosotros nos

   _____

   _____

2. Siempre / tú / (ir) al centro en autobús
   Una vez / yo

   _____

   _____

3. Cada mañana / nosotros / (salir) de casa sin comer
   Esta mañana / Felipe

   _____

   _____

4. Esta tarde / el profesor / (venir) a verme
   Todas las tardes / los chicos

   _____

   _____

5. Hoy al mediodía / tú / (oír) las noticias por radio
   Muchas veces / Ud.

   _____

   _____

6. Por la tarde / yo / (estar) en tu casa
   Por diez minutos / Carlos

   _____

   _____

El pretérito de los verbos irregulares

K Escribe las frases siguientes en el pretérito.

1. ¿Oyes el sonido del tren?

   _____

2. Leo cuentos de fantasía e ilusión.

   _____

3. ¡Pobre Felipe! Se cae en la escalera.

   _____

4. ¿Cree Antonio los chismes que sus amigos le relatan?

   _____

5. Mis hermanos no pueden hacerlo.

   _____

6. ¿Cuándo vienen al colegio?

   _____

7. En el invierno, Ana se pone un suéter.

   _____

8. ¿Quiénes andan por el parque en la primavera?

   _____

9. No sé si está presente o no.

   _____

10. Ella no quiere llamar a su novio.

    _____

11. Los actores leen el drama.

    _____

12. Ernesto hace sus tareas en casa.

    _____

L **Interrupciones inesperadas.** Algunas personas se ocupaban en alguna forma cuando fueron interrumpidas por otros y probablemente fueron forzadas a abandonar sus actividades originales. Escribe las frases indicadas por los números de abajo, escogiendo de las cuatro listas.

Modelo: 1-1-1-1

Papá dormía cuando los peques gritaron muy fuerte.

1. Papá	1. dormir	1. los peques	1. gritar muy fuerte
2. Mamá	2. hacer crucigramas	2. tú	2. entrar corriendo
3. yo	3. leer las noticias	3. Raquel	3. llamar por teléfono
4. nosotros	4. ir a salir	4. la vecina	4. traer flores del jardín

(a) 1-3-4-3

_____

(b) 2-4-3-2

_____

(c) 3-1-2-1

_____

(d) 4-2-1-3

_____

(e) 3-4-3-4

_____

La a personal

M Pon una *a* en el espacio si es necesario.

1. La chica busca _____ su compañera de clase.

2. ¿Quiénes van a buscar _____ las cartas perdidas?

3. Rosa no saludó _____ sus parientes.

4. Casi nunca visito _____ mi tía María.

5. Tenemos _____ tres primos.

CUADRO

5

LA LEYENDA

PRIMERA LECTURA

Leyenda de la Torre del Oro

La famosa torre sevillana, que tiene gran prestigio en la tradición de la leyenda, conserva el recuerdo de sus airosas morunas, como las de una sultana que aguardaba una cita amorosa en la ribera del Guadalquivir. Toma el nombre de "Oro" porque de ese color eran los cabellos de una dama bellísima, a quien el rey don Pedro tuvo encerrada en la torre, aprovechando la ocasión de que el marido de la dama estaba en la guerra.

La dama de los cabellos de oro, por guardarse bien de las tentaciones del mundo, se había encerrado en un convento, aguardando la vuelta del marido para dejar la clausura.

Sucedió que el rey, para el cual no había clausura en los conventos, vio un día a la dama de la cabellera de oro, cuyas trenzas, por lo abundante, no podía ocultar en la toca monjil, y se enamoró de ella. Era una santa la monja y se consideró perdida porque don Pedro era un hombre que lo que quería, hacía, y valiéndose de la fuerza que le daba ser el rey, la sacó del convento y la encerró en la torre.

La dama no pensó jamás en quitarse la vida, pero sí en sacrificar su hermosura. Lo primero que hizo fue cortarse su bellísima cabellera, de aquel oro tan codiciado por el rey, y después pensó en arrojarse a la cara un frasco de vitriolo.

La dama estaba tan bien guardada en la torre, que le fue imposible adquirir el vitriolo, y como se valiese de una mujer que estaba a su cuidado para conseguirlo, ésta, en lugar de proporcionárselo, se lo contó todo al rey don Pedro. El monarca se puso furioso al conocer la horrible resolución de la prisionera. Abusó de la pobre dama indefensa, y ésta volvió al convento: pero no a esperar a su marido, sino la muerte, que no tardó en llegar, y que fue más humana que don Pedro.

El marido no llegó a verla ni viva ni muerta. Agraviado y ansioso de venganza, fue a reunirse con "el Bastardo", un hermano de don Pedro, cuando los dos hermanos se hacían una guerra de exterminio.

El fin de don Pedro fue desastroso, como todos sabemos.

Comprensión

Contesta en frases completas.

1. ¿En qué ciudad tiene lugar esta leyenda?

   _____

2. ¿Por qué se llama la torre, la Torre del Oro?

   _____

   _____

3. ¿Por qué se había encerrado la dama en el convento?

_____

_____

4. ¿Por qué se consideró perdida la dama?

_____

5. ¿Cómo pensaba la dama sacrificar su hermosura?

_____

_____

6. ¿Quién le contó todo al rey don Pedro?

_____

_____

7. ¿Qué pasó cuando el marido volvió de la guerra?

_____

_____

SEGUNDA LECTURA

La conquista de los incas

Cuando Francisco Pizarro y los españoles llegaron al Perú en 1532, encontraron un imperio grande y riquísimo de indios llamados los incas. Su imperio incluía lo que hoy es el norte de Chile y la Argentina, Bolivia, el Perú y el Ecuador. El centro de su dominio fue Cuzco, la ciudad sagrada donde vivía el Sapa Inca o el jefe. Estos indios habían construido su imperio sobre las ruinas de otras culturas anteriores y establecido un gobierno basado sobre su religión. Construían templos y muros de enormes piedras unidas sin cemento o argamasa. Tenían un buen sistema de caminos, fortalezas y puentes colgantes sobre los ríos. Todo esto sigue sorprendiendo a los arqueólogos porque los indios no tenían medios de transporte, instrumentos de acero, ni sabían usar la rueda.

Atahualpa era entonces el Inca, jefe del gobierno y dios adorado por los indios. Creyó que los incas podían derrotar fácilmente a los españoles porque había muy pocos de ellos. Además los consideraba perezosos porque no andaban a pie sino montados en unas ovejas grandes que llamaban "caballos".

Pizarro tomó a Atahualpa prisionero y los españoles mataron a miles de indios. Pizarro exigió que el Inca le diera grandes cantidades de oro y plata. Atahualpa dio órdenes que los indios llenaran de oro un cuarto que medía veintidós pies de ancho por diecisiete pies de largo. Pero después de recibir el oro, Pizarro mandó que mataran al Inca.

Comprensión

Contesta en frases completas.

1. ¿Cómo era el imperio de los incas al llegar los españoles?

   _____

2. ¿Qué ciudad sagrada era el centro del dominio incaico?

   _____

   _____

3. ¿Por qué se sorprendieron tanto los arqueólogos cuando consideraban los conocimientos arquitecturales de los incas?

   _____

   _____

   _____

4. ¿Quién era el jefe del gobierno de los incas en 1532?

   _____

   _____

5. ¿Por qué consideraban perezosos los indios a los conquistadores?

   _____

   _____

6. ¿Qué órdenes dio el Inca supremo para efectuar su rescate?

   _____

   _____

7. Después de recoger el oro prometido, ¿qué le pasó a Atahualpa?

   _____

ESTRUCTURA

por y para

A Completa con *por* o *para*.

1. Tomo una taza de café en una taza _____ café.

2. Luis va a estar en México _____ un mes.

3. El hombre andaba rápidamente _____ la calle.

4. ¡_____ Dios! ¿Quién cometió tal crimen?

5. Le voy a pagar cinco mil dólares _____ su automóvil.

6. Estos dos libros fueron escritos _____ el mismo autor.

7. Estaremos allí _____ el domingo.

8. _____ la noche las estrellas brillan en el cielo.

9. Cuando vas a Lima, ¿viajas _____ avión?

10. No conoces bien este pueblo _____ vivir aquí tanto tiempo.

11. Vaya _____ el libro en seguida.

12. Le compré un abanico _____ su cumpleaños.

13. El vestido estará listo _____ mañana.

14. _____ tener calor, se quitó el abrigo.

15. Como mi mamá estaba enferma, fui _____ el médico.

16. El soldado inca luchó _____ la libertad de su monarca.

17. Como el jefe inca pidió el oro, los indios hicieron un esfuerzo _____ él.

18. La orden fue leída _____ un chasqui.

19. Muchos obedecieron _____ miedo.

20. Ima salió corriendo _____ no entregar la urna.

21. Rezaron _____ varias horas.

22. Aburridos y tristes, los niños miraron la lluvia _____ la ventana.

23. Unos dicen que les pagaron poco _____ su trabajo.

24. Los padres no compraron dulces _____ los niños.

25. Voy a la tienda _____ comprar huevos.

El subjuntivo con expresiones impersonales

B Combina los elementos de las distintas columnas para formar ideas lógicas y conformes con las leyendas leídas. Construye tus frases según los números indicados.

Modelo: 1-1-3
Es posible que don Raimundo se dirija a la iglesia.

1. Es imposible	1. don Raimundo	1. recoger el oro y la plata
2. No es probable	2. el sobrino	2. saber del rescate
3. Es dudoso	3. el Alcalde Mayor	3. dirigirse a la iglesia
4. Es una lástima	4. el conquistador	4. casarse con Margarita
5. Es probable	5. el jefe de la caravana	5. matar al Inca
6. Es posible	6. los sayones	6. obligarla a confesar
7. Es cierto	7. el chasqui	7. golpear a la vieja

(a) 1-2-4 _____

(b) 2-6-7 _____

(c) 3-3-6 _____

(d) 4-4-5 _____

(e) 5-5-1 _____

(f) 6-7-2 _____

(g) 7-1-3 _____

El presente perfecto

C **Los administradores en la reunión mensual.** La compañía Mejoprosa (Mejores Productos, Sociedad Anónima) produce artículos que se venden por todo el hemisferio. En la reunión mensual los jefes de distintos departamentos dan su reportaje al Sr. Presidente.

Modelo: Presidente: Personal, ¿han mirado Uds. las estadísticas de asistencia?
Jefe de Personal: Sí, las hemos mirado y han sido buenas.

1. Ventas, ¿ha traído Ud. el estudio de ventas nacionales? (amplio y completo)

   _____

2. Finanzas, ¿ha visto Ud. la lista de ganancias y pérdidas del trimestre pasado? (las mejores del año)

   _____

3. Relaciones Públicas, ¿ha hecho Ud. las contribuciones a los grupos cívicos? (bastante generosas)

   _____

4. Compras, ¿ha dicho Ud. que las cifras muestran que los gastos son menores que el trimestre anterior? (bastante reducidos)

_____

5. Publicidad, ¿ha escrito Ud. que la nueva campaña publicitaria ha tenido éxito? (increíblemente buena)

_____

6. Producción, ¿ha puesto Ud. las cifras actuales de producción de esta fábrica donde los trabajadores puedan verlas? (muy buena reacción)

_____

7. Finanzas, en su reportaje ¿ha cubierto Ud. los detalles de la expansión de su departamento? (detallados y prometedores)

_____

D **Reflexionando sobre Rosa Leyes.** Completa las siguientes frases empleando el tiempo compuesto según la indicación.

Modelo: Es posible que Rosa Leyes (correr ese caballo por el prado)
Es posible que Rosa Leyes haya corrido ese caballo por el prado.

1. Es posible que Rosa Leyes (fumar una pipa)

_____

2. Es improbable que tú (componer otros versos sentimentales)

_____

3. Es dudoso que yo (decir cosas de desprecio)

_____

4. Es verdad que tú y yo (ver las flores en su tumba)

_____

5. Es increíble que Alberto Cortez (escribir el cuento en poco tiempo)

_____

6. Es cierto que los señores (poner unas monedas sobre su tumba)

_____

7. Es una lástima que Rosa Leyes (morirse)

_____

El pluscuamperfecto y los participios pasados irregulares

E En las oraciones que siguen, cambia el verbo del pretérito al pluscuamperfecto.

Modelo: **Jugué fútbol con los otros de la vecindad.**
Había jugado fútbol con los otros de la vecindad.

1. Abrieron las puertas de la botica muy temprano.

   _____

2. ¿Quién dijo un chiste tan ridículo?

   _____

3. No sabía quién escribió la carta.

   _____

4. ¿Cuál de ustedes hizo el error?

   _____

5. Uno de los niños rompió la máquina.

   _____

6. Mi hermana vio todas las películas con ese actor.

   _____

7. ¿A qué hora volvieron ustedes del museo?

   _____

8. Cuando freímos las papas, un olor delicioso permaneció en la cocina.

   _____

9. Los turistas llegaron anoche.

   _____

10. Los alumnos trajeron los libros.

    _____

11. Paco puso el libro en el estante.

    _____

12. La enfermedad era tan grave que el hombre se murió hace unos días.

    _____

Repaso de tiempos verbales

F Para cada verbo, da la forma apropiada de los tiempos indicados según el modelo.

Modelo: cantar (yo)
canto (presente)   *estoy cantando* (presente progresivo)
canté (pretérito)   *había cantado* (pluscuamperfecto)
cantaba (imperfecto)   *cante* (presente de subjuntivo)

1. escoger (tú) _____

_____

_____

_____

4. reírse (ellos) _____

_____

_____

_____

2. seguir (él) _____

_____

_____

_____

5. romper (Ud.) _____

_____

_____

_____

3. empezar (nosotros) _____

_____

_____

_____

6. traer (vosotros) _____

_____

_____

_____

CUADRO
6

SENTIMIENTOS Y PASIONES

PRIMERA LECTURA

Varios efectos del amor

Desmayarse, atreverse, estar furioso,
áspero, tierno, liberal esquivo,
alentado, mortal, difunto, vivo,
leal, traidor, cobarde, animoso.

No hallar, fuera del bien, centro y reposo,
mostrarse alegre, triste, humilde, altivo,
enojado, valiente, fugitivo,

Huir el rostro al claro desengaño,
beber veneno por licor suave,
olvidar el provecho, amar el daño:

Creer que un cielo en un infierno cabe;
dar la vida y el alma a un desengaño;
esto es amor. ¡Quien lo probó lo sabe!

Félix Lope de Vega y Carpio

Comprensión

Contesta en frases completas las siguientes preguntas.

1. ¿Cuál es la idea principal de este poema?

   _____

2. Menciona algunos efectos del amor que son positivos, es decir, efectos que contribuyen a la alegría del enamorado.

   _____

3. Menciona algunos efectos del amor que contribuyen a la tristeza del enamorado.

   _____

   _____

4. En el poema, busca sinónimos de las siguientes palabras:

    (a) muerto _____

    (b) descanso _____

    (c) feliz _____

    (d) enfadado _____

    (e) tomar _____

5. En el poema, busca antónimos de las siguientes palabras.

    (a) agradecido _____

    (b) vivo _____

    (c) contento _____

    (d) feliz _____

    (e) altivo _____

    (f) áspero _____

6. Explica en tus propias palabras el significado de la frase "beber veneno por licor suave".

_____

_____

SEGUNDA LECTURA

Poema 20

Puedo escribir los versos más tristes esta noche.

Escribir, por ejemplo: "La noche está estrellada,
     y tiritan, azules, los astros, a lo lejos".

Puedo escribir los versos más tristes esta noche.
Yo la quise, y a veces ella también me quiso.

En las noches como ésta la tuve en mis brazos.
La besé tantas veces bajo el cielo infinito.

Ella me quiso, a veces yo también la quería.
¡Cómo no haber amado sus grandes ojos fijos!

Puedo escribir los versos más tristes esta noche.
Pensar que no la tengo. Sentir que la he perdido.

Oír la noche inmensa, más inmensa sin ella.
Y el verso cae al alma como al pasto el rocío.

¡Qué importa que mi amor no pudiera guardarla!
La noche está estrellada y ella no está conmigo.

Eso es todo. A lo lejos alguien canta. A lo lejos.
Mi alma no se contenta con haberla perdido.

Como para acercarla mi mirada la busca.
Mi corazón la busca, y ella no está conmigo.

La misma noche que hace blanquear los mismos árboles.
Nosotros, los de entonces, ya no somos los mismos.

Ya no la quiero, es cierto, pero cuánto la quise.
Mi voz buscaba el viento para tocar su oído.

De otro. Será de otro. Como antes mis besos.
Su voz, su cuerpo claro. Sus ojos infinitos.

Ya no la quiero, es cierto, pero tal vez la quiero.
Es tan corto el amor, y es tan largo el olvido.

Porque en noches como ésta la tuve en mis brazos,
mi alma no se contenta con haberla perdido.

Aunque éste sea el último dolor que ella me causa,
y éstos sean los últimos versos que yo le escribo.

Pablo Neruda

Comprensión

A Contesta en frases completas las siguientes preguntas.

1. ¿Qué línea se repite tres veces en el poema?

_____

2. Cuando el poeta se refiere a "ella", ¿de quién está hablando?

_____

3. ¿Cómo está la noche cuando el poeta está escribiendo sus versos?

_____

4. ¿Qué será el último dolor que ella le causa?

_____

5. ¿De quién es ahora el amor que conocía el poeta?

_____

6. ¿Qué símil emplea el poeta para describir cómo sus versos caen al alma?

_____

7. ¿Qué adjetivo usa el poeta para describir el cuerpo de su amor? ¿Los ojos?

_____

8. Resume por qué el poeta está tan triste.

_____

_____

B Indica con un círculo alrededor de la letra apropiada si la frase es verdadera (V) o falsa (F).

1. V   F   El viento está cantando.

2. V   F   El poeta está envuelto de alegría.

3. V   F   El cielo está cubierto de nubes.

4. V   F   El autor siente que ha perdido su amor.

5. V   F   "Ella" no está con el poeta.

6. V   F   Los amantes son los mismos hoy como ayer.

7. V   F   Según el poeta, el amor es más largo que el olvido.

8. V   F   El poeta piensa escribirle más versos a su amor.

ESTRUCTURA

A **Los berrinches (*temper tantrums*) de Margarita.** Margarita es una chica mimada, acostumbrada a salirse con la suya (*get her own way*). Aquí hay ejemplos de su fuerte carácter. Exprésalos cambiando el verbo principal del presente perfecto al futuro.

1. Ha tirado un libro a su hermano.

   _____

2. Ha gritado con toda la fuerza de sus pulmones (*at the top of her lungs*).

   _____

3. Ha dado patadas (*kicks*) a todos.

   _____

4. Se ha negado a comer.

   _____

5. Ha escondido los juguetes de los peques.

   _____

6. Ha golpeado las puertas.

   _____

7. Ha llorado y sollozado.

   _____

8. Ha escrito cartas acusatorias a su amiga.

   _____

9. Ha roto la guitarra de su padre.

   _____

10. Se ha encerrado en su dormitorio.

    _____

11. Ha dejado de respirar.

    _____

12. Se ha portado muy mal.

    _____

El futuro de los verbos irregulares

B Emplea el futuro en la cláusula dependiente de las siguientes frases.

> **Modelo: Marisa dice que (venir al aeropuerto)**
> *Marisa dice que vendrá al aeropuerto.*

1. Mamá promete que (hacer algo bueno de comer)

   _____

2. La secretaria indica que (no caber todo en un sobre)

   _____

3. El jefe dice que (querer consultar con nosotros)

   _____

4. Mi abuelo escribe que (decirnos algo de mucha importancia)

   _____

   _____

5. Nuestros amigos telefonean que (valer la pena ver aquella película)

   _____

   _____

6. El empleado promete que (salir temprano de la oficina)

   _____

7. El director dice que (buscarnos en la entrada principal)

   _____

8. Alberto llama que (no poder vernos hasta el lunes)

   _____

9. Mi amiga escribe que (no saber detalles de la boda)

   _____

10. El carpintero dice que (no hacer el trabajo hasta la semana próxima)

   _____

   _____

C Ahora, cambia las diez frases de Ejercicio B al pasado.

Modelo: *Marisa dijo que vendría al aeropuerto.*

1. _____

2. _____

3. _____

4. _____

   _____

5. _____

   _____

6. _____

   _____

7. _____

   _____

8. _____

   _____

9. _____

   _____

10. _____

   _____

D ¿Cómo seríamos? Vamos a considerar cómo unas condiciones diferentes nos cambiarían.

Modelo: **Con dos horas más cada día, ¿qué podrían hacer?**
   Mis padres (jugar) al golf con sus compañeros del club.
   Mis padres jugarían al golf con sus compañeros del club.

1. Con dos horas más cada día, ¿qué podrían hacer?

   (a) Mi madre (trabajar) en el jardín.

   _____

   (b) Yo (estudiar) mucho más con la esperanza de recibir una beca (*scholarship*).

   _____

    (c) Nosotros (pasar) mucho más tiempo juntos.

_____

    (d) Uds. (escribir) cartas a todos los amigos.

_____

    (e) Tú (dormir) una siesta al mediodía.

_____

2. Con cincuenta dólares más, ¿qué podrían hacer?

    (a) Yo (comprar) un suéter para llevar a la reunión del viernes.

_____

    (b) Mamá (ir) a ver una revista musical.

_____

    (c) Tú (arreglar) los frenos de tu coche.

_____

    (d) Nosotros (volver) a patinar sobre hielo.

_____

    (e) Mi hermano (ir) al cine con su novia.

_____

3. Con mil dólares, ¿adónde irían?

    (a) Tú (volar) en el Concord a Londres.

_____

    (b) Yo (llevar) a toda la familia a Costa Rica.

_____

    (c) Pedro (volver) a las playas negras de Hawaii.

_____

    (d) Tú y yo (divertirnos) en las exhibiciones del Centro Epcot.

_____

    (e) Las chicas (seguir) gozando los desfiles de modas en París.

_____

E Escribe cinco frases originales diciendo lo que harías en distintas condiciones.

Modelo: *Con la aprobación de mis padres, llegaría tarde a casa.*

1. _____

_____

2. _____

_____

3. _____

_____

4. _____

_____

5. _____

_____

El futuro de probabilidad

F Cambia las siguientes frases al futuro de probabilidad.

Modelo: **¿Adónde piensan ir a pasar las vacaciones?**
¿Adónde irán a pasar las vacaciones?

1. Probablemente van a México.

_____

2. Piensan alojarse con unos parientes.

_____

3. Probablemente un amigo los lleva al aeropuerto.

_____

4. Piensan partir mañana a las ocho.

_____

5. ¿Con cuál línea aérea piensan viajar?

_____

6. ¿Cuánto cuesta el vuelo a México?

   _____

7. ¿Cuánto tiempo dura el vuelo?

   _____

8. ¿Quién tiene que preparar las maletas?

   _____

9. ¿Qué lugares visitan?

   _____

10. ¿Qué cosas piensan comprar allí?

   _____

El futuro perfecto

G Completa las siguientes oraciones con el futuro perfecto.

   Modelo: Si llega a las dos (nosotros/ comer)
   Si llega a las dos, nosotros habremos comido.

1. Si llega a las dos (ellos/ salir)

   _____

2. Si llamas a las cinco (yo/ hacer) la tarea

   _____

3. Si Roberto viene a las seis (Ud./ irse)

   _____

4. Si el forastero llega del mar (nosotros/ lo ver)

   _____

5. Si el abuelo llama a tiempo (ellos/ lo salvar)

   _____

6. Si los nietos se encuentran con el vecino (nosotros/ lo saber)

   _____

   _____

La diferencia entre los verbos saber y conocer

H Pon un círculo alrededor de la forma apropiada.

1. ¿(Saben, Conocen) Uds. hablar francés?

2. El viajero (sabe, conoce) muy bien Barcelona.

3. Yo (sé, conozco) que Ana va a salir.

4. Rosario (sabe, conoce) bailar flamenco.

5. ¿(Supiste, Conociste) a la tía de Juan?

6. ¡Qué linda es esa chica! Quisiera (saberla, conocerla).

7. La directora no (conoce, sabe) a este grupo.

8. Yo no (sé, conozco) la respuesta a esa pregunta.

9. ¿Tú (sabes, conoces) aquel supermercado?

10. Ellos no (saben, conocen) nadar en el mar.

I Completa con la forma apropiada del verbo *saber* o *conocer* según el sentido.

1. ¿_____ tu hermana de dónde viene la profesora?

2. María _____ preparar la comida.

3. La criada _____ dónde comprar fruta fresca.

4. Los Martínez no _____ a los vecinos.

5. Yo no _____ la bamba. ¿Es un baile típico?

6. ¿_____ Roberto cómo se llama el novio de María?

7. A veces Pepe se levanta muy tarde. ¡Ya lo _____ !

8. Me gustaría _____ Buenos Aires.

9. Yo no _____ que Andrés era tu primo.

10. Todos _____ que el amor hace girar al mundo.

Estar *y el participio pasado*

J Expresa la acción terminada con *estar* y el participio pasado.

Modelo: Lava la ropa, por favor.
Ya está lavada, mamá.

1. Abre la puerta, por favor.

   _____

2. Cierra la ventana, por favor.

   _____

3. Pinta otro cuadro, por favor.

   _____

4. Tacha los errores, por favor.

   _____

5. Prende el televisor, por favor.

   _____

6. Escribe dos párrafos, por favor.

   _____

7. Pónte un suéter, por favor.

   _____

8. Apaga la lámpara, por favor.

   _____

9. Corrige tu pronunciación, por favor.

   _____

10. Limpia las paredes, por favor.

    _____

CUADRO
7

TIERRA Y LIBERTAD

PRIMERA LECTURA

Adelita

Si Adelita se fuera con otro,
la seguiría la huella sin cesar,
por vapores y buques de guerra
y por tierra en un tren militar.
Si Adelita quisiera ser mi esposa,
si Adelita fuera mi mujer,
le compraría un vestido de seda
para llevarla a bailar al cuartel.
Y si acaso yo muero en la guerra
y si mi cuerpo en la sierra va a quedar,
Adelita, por Dios te lo ruego
que por mí no vayas a llorar.
Que no llores por mí yo te lo ruego
porque muero cumpliendo mi deber
de libertar a mi amada patria
de el que quiere imponer su poder.

Comprensión

Contesta en frases completas las siguientes preguntas.

1. ¿Quién estará cantando esta canción revolucionaria?

_____

_____

2. Si Adelita se fuera con otro, ¿qué haría él?

_____

3. ¿Cómo la seguiría?

_____

_____

4. Si Adelita fuera la esposa del revolucionario, ¿qué le compraría? ¿Para qué?

_____

_____

5. Si el soldado muere en la guerra, ¿qué le ruega a su querida?

_____

6. Si muere en la guerra, ¿qué objetivo estará cumpliendo?

_____

_____

SEGUNDA LECTURA

Simón Bolívar

Simón Bolívar, "El Libertador", nació en Venezuela en 1783 y murió en 1830. Recibió su educación en España y viajó por Europa y los Estados Unidos. Volvió a su país en 1810 para tomar parte en la rebelión contra la dominación española. Durante más de trece años continuó la lucha contra el poder de la madre patria, enfrentando a la vez las fuerzas de la naturaleza en las selvas y montañas de su tierra natal.

En el poema que sigue, el autor Luis Llorens Torres señala que Bolívar era no sólo maestro en el arte de la guerra sino en el de crear patrias y que era todo un caballero que sabía inspirar a sus compatriotas.

> Político, militar, héroe, orador y poeta,
> Y en todo, grande. Como las tierras
>   libertadas por él,
> por él, que no nació de patria alguna,
> sino que muchas patrias nacieron
>   hijas de él.
>
> Tenía la valentía del que lleva una espada.
> Tenía la cortesía del que lleva una flor.
> Y entrando en los salones arrojaba la espada;
> Y entrando en los combates arrojaba la flor.
>
> Los picos del Ande no eran más, a sus ojos,
> que signos admirativos de sus arrojos.
> Fue un soldado poeta, un poeta soldado,
> Y cada pueblo libertado
> era una hazaña del poeta y era un poema
>   del soldado.
> Y fue crucificado...

Comprensión

A Contesta en frases completas las siguientes preguntas.

1. Además de ser un gran héroe, ¿qué fue Bolívar?

   _____

   _____

2. ¿Cómo lo compara el autor con las tierras que libertó?

   _____

   _____

3. Según la primera estrofa, ¿qué patria produjo a Bolívar?

   _____

   _____

4. ¿Qué símbolo de valentía emplea el autor?

_____

_____

5. ¿Qué símbolo de cortesía emplea el autor?

_____

_____

6. ¿Cómo se indica que Bolívar sabía cuándo ser caballero y cuándo ser soldado?

_____

_____

_____

7. A la vista de Bolívar, ¿qué eran los picos del Ande?

_____

_____

8. ¿Qué fin (figurativo) tuvo Bolívar según este poema?

_____

_____

B Escribe un párrafo de tres o cuatro líneas explicando por qué llaman a Bolívar el "Jorge Washington de Sudamérica".

_____

_____

_____

_____

_____

_____

ESTRUCTURA

El imperfecto del subjuntivo

A **Unas emociones y las consecuencias.** Las emociones no son estables ni constantes. Esta inestabilidad se refleja en la cláusula subordinada después de un verbo causante o de emoción. Combina los elementos de las cuatro columnas para formar ideas lógicas en el pasado. Acuérdate que si los sujetos de las dos cláusulas son distintos, hay que usar el subjuntivo.

Modelo: 1-1-1-1
 Él sugirió que Luis anduviera lentamente.

1. Él	1. sugerir	1. Luis	1. andar lentamente
2. Tú	2. advertir	2. el sacerdote	2. darle otra oportunidad
3. Nosotros	3. alegrarse de	3. yo	3. estar presente en ese momento
4. Yo	4. sentir	4. tú y yo	4. oír la noticia atentamente
5. Uds.	5. preferir	5. los demás	5. ser compasivo y entendido
	6. preocuparse		6. traerme flores
			7. venir lo más rápido posible

Yo me alegro de que Luis me traiga flores.

_____

_____

_____

_____

_____

_____

B **Deseos, esperanzas y temores.** Es normal reflexionar sobre el pasado con sus altibajos (*ups and downs*) y cómo afectan a todos. Combina elementos de las cuatro columnas para formar oraciones lógicas en el pasado según los números indicados.

Modelo: 1-1-1-1
Yo esperaba que tú vinieras a visitar en seguida.

1. Yo	**1.** esperar	**1.** tú	**1.** (no) venir a visitar en seguida
2. Tú	**2.** querer	**2.** mis padres	**2.** (no) salir sin dejar un recado
3. Mi tía y yo	**3.** temer	**3.** yo	**3.** (no) tener éxito en todo
4. Mis padres	**4.** tener miedo de	**4.** el gobierno	**4.** (no) hacer lo necesario para triunfar en la vida
5. Luis	**5.** desear	**5.** nosotros	**5.** (no) cumplir con los deberes
	6. alegrarse de		**6.** (no) prestar atención a los menos afortunados
			7. (no) poder comprender la necesidad de trabajar
			8. (no) saber el secreto de la felicidad

(a) 1-3-1-2 _____

_____

(b) 2-5-2-8 _____

_____

(c) 3-6-4-5 _____

_____

(d) 4-2-3-3 _____

_____

(e) 5-1-5-6 _____

_____

El subjuntivo y la concordancia de los tiempos

C **Con el dentista.** Hace poco fue necesario que yo solicitara atención del dentista. La recepcionista y el dentista me mandaron hacer las acciones que se ven en la lista de abajo. Cambia los mandatos a oraciones en el presente. Después, cambia todo al pasado.

> **Modelo:** **La recepcionista:**   **Entre Ud.**
> **El paciente:**   *Me dice que entre.*
>   *Me dijo que entrara.*

1. Siéntese en ese cuartito.

   _____

2. Póngase un babero (*bib*).

   _____

   _____

3. Abra la boca.

   _____

4. Ciérrela.

   _____

5. Baje la cabeza.

   _____

   _____

6. Muerda el papel carbón.

   _____

   _____

7. No se mueva.

   _____

8. Quítese el babero.

   _____

   _____

9. Salga por esa puerta.

   _____

   _____

10. Lleve esta receta a la farmacia.

_____

_____

11. Tome una cápsula cada cuatro horas.

_____

_____

12. Llámeme mañana a las nueve.

_____

_____

D **Las quejas de los inconformes.** Un grupo de jóvenes se queja de las restricciones impuestas por la administración del colegio, de la sociedad y, en particular, de los padres.

> **Modelo:** **El director:** **No anden en el césped.**
> **Eduardo:** *¿Qué nos dijo el "dire" (director)?*
> **Felipe:** *Que no anduviéramos en el césped.*

1. Papá: Estén en casa antes de medianoche.

_____

_____

2. El agente de tránsito: Presten atención a las señales de tráfico.

_____

_____

3. El cura, reverendo o rabino: Hagan un esfuerzo especial con la colecta de caridad.

_____

_____

4. La secretaria del director: Pidan permiso para entrar.

_____

_____

5. El médico: Duerman sin tomar sedantes (*sedatives*).

_____

_____

6. El farmacéutico: Sigan las instrucciones indicadas en la etiqueta.

_____

_____

7. El policía: Pongan las luces direccionales antes de cambiar de carril.

_____

_____

8. El profesor de historia: Vengan a clase a tiempo.

_____

_____

9. Un candidato en una elección: Vayan a votar sin falta.

_____

_____

10. La profesora de inglés: Aprendan este poema de memoria.

_____

_____

11. El alcalde: Den ayuda a los necesitados.

_____

_____

12. El profesor de español: Repitan estos ejercicios en voz alta.

_____

_____

13. En el aeropuerto: Tengan en la mano el permiso de embarcación.

_____

_____

14. Jefe de inmigración: Digan sus nombres y nacionalidades a los inspectores.

_____

_____

E **Sueños no realizados.** ¿Qué sueños o ilusiones tienes con relación a tu futuro? Seguramente, has pensado en los estudios universitarios o técnicos, la carrera, los pasatiempos o en la vida personal o familiar. Escoge uno de los temas indicados y escribe unas frases originales incluyendo combinaciones de -*quiera* + el subjuntivo.

> **Modelo:** **Quienquiera que sea mi marido, + el verbo en el futuro.**
> A: *Quienquiera que sea mi marido, será guapo, rico y compasivo.*
> B: *¿Sabías cómo lo encontrarías?*
> A: *No sabía, pero comoquiera que lo encontrara, creía que sería guapo, rico y compasivo.*

1. Dondequiera que yo trabaje, + el verbo en el futuro.

   A: _____

   B: _____

   A: _____

2. Cuandoquiera que yo _____ , _____

   A: _____

   B: _____

   A: _____

3. Cualquier(a) _____ que yo _____ , _____

   A: _____

   B: _____

   A: _____

Ahora, cambia las frases que has escrito en Ejercicio E al pasado.

Los diminutivos y aumentativos

F Pon el sufijo diminutivo a las siguientes palabras.

1. abuelo _____
2. gato _____
3. ahora _____
4. cama _____
5. animal _____

6. momento _____
7. papel _____
8. poco _____
9. padre _____
10. cerveza _____

G Pon el sufijo aumentativo a las siguientes palabras.

1. soltero _____
2. cuchillo _____
3. feo _____
4. monte _____
5. cabeza _____

6. pobre _____
7. calle _____
8. animal _____
9. taza _____
10. golpe _____

H Identifica los sufijos en las siguientes palabras. ¿Son diminutivos o aumentativos? Escribe la identificación en el espacio.

Modelo: niñito
        diminutivo   -ito

1. panecillo _____
2. mujercita _____
3. escopetazo _____
4. ricachón _____
5. hijita _____
6. hombrote _____
7. chiquita _____
8. pequeñuelo _____
9. puñetazo _____
10. chiquilla _____

I Escribe cinco frases originales usando las siguientes expresiones.

negarse a; niñita; sollozar; quedarse de pie; a pesar de

1. _____
2. _____
3. _____
4. _____
5. _____

CUADRO
8

EL ÚLTIMO VIAJE

PRIMERA LECTURA

Costumbres del día de los difuntos

Los ejemplos más clásicos del sentir latinoamericano con respecto a la muerte se pueden ver los días primero y dos de noviembre. El primero es el día de "todos los santos"; el segundo es el día de "los difuntos". En estas fechas los cementerios de varios países hispanoamericanos se visten de gala. Por las calles y en las tiendas se ven coronas, tarjetas de duelo, flores negras, cirios, panes y pasteles especiales, todo destinado a que la gente cumpla con las viejas costumbres de honrar a los muertos queridos.

En el Ecuador, los indómitos indios salasacas que se asientan entre las regiones de Ambato y Pelileo celebran de otra manera a los finados. Para ellos es un día de júbilo porque se reunen con sus difuntos, comen con ellos, con ellos conversan y hacen vida común, con una serie de ceremonias que son preparadas minuciosamente unos días antes del dos de noviembre.

Vestidos de sus mejores ponchos y calzoncillos bordados, los salasacas se acercan a las tumbas de sus parientes, les llaman, les ofrecen manjares, vino y saludos en su nombre, luego de la ofrenda, beben y bailan uno o tres días con honda satisfacción.

Comprensión

A Contesta en frases completas las siguientes preguntas.

1. ¿Cómo se llaman los indios de quienes hablamos en esta lectura?

_____

2. ¿Dónde viven ellos?

_____

3. ¿Por qué es un día de júbilo para ellos el día de los difuntos?

_____

4. ¿Qué se venden por las calles en esta ocasión?

_____

_____

5. ¿Cómo se visten los salasacas para el día de los difuntos?

_____

_____

B Pon un círculo alrededor de la letra que corresponde con la respuesta correcta.

1. Un difunto es…

    a) una persona que celebra cierto día

    b) un muerto

    c) un indio salasaca

2. El primero de noviembre es el día…

    a) de todos los santos

    b) para vestirse de gala

    c) de los difuntos

3. Se manda una tarjeta de duelo…

    a) para celebrar los finados

    b) para consolar a uno

    c) cuando uno no tiene cirios

4. Para los indios salasacas el día de los difuntos es…

    a) una ocasión triste

    b) un día cuando no se debe bailar

    c) un día de alegría

5. Para hacer vida común con sus difuntos, los salasacas…

    a) no deben ir al cementerio

    b) comen y conversan con ellos

    c) no ofrecen manjares

6. Según las viejas costumbres, los indios deben…

    a) beber y bailar mucho

    b) vestirse de calzoncillos bordados

    c) honrar a los muertos queridos

SEGUNDA LECTURA

La eliminación de los arrabales

El Fanguito y La Perla eran dos de los arrabales que existían en Puerto Rico. El gobierno de la isla ha promulgado un programa de viviendas para los pobres. Este programa ofrece viviendas modernas con agua, luz y otras comodidades. Cada uno paga según lo que puede.

El programa funciona con la cooperación de varios organismos como la Junta de Planificación, la Autoridad sobre Hogares de Puerto Rico, la Administración Federal de Hogares Públicos y el Departamento de Salud. Casi todas las familias sienten satisfacción en vivir en estos caseríos que les ofrecen viviendas higiénicas y cómodas. Entienden que el gobierno quiere mejorar sus condiciones de vida y atienden a las recomendaciones que les dan los trabajadores sociales. Algunas familias, sin embargo, prefieren vivir en los arrabales porque desconfían de las buenas intenciones del gobierno y piensan que tienen derecho a vivir donde quieren. No entienden por qué el gobierno interviene con su modo de vivir, y ofrecen muchas dificultades al gobierno en sus planes. Estas familias están generalmente influidas por personas que tienen intereses en los arrabales y que saben que no pueden trasladar sus negocios a los caseríos.

A pesar de estos inconvenientes ya el gobierno ha logrado eliminar varios arrabales y establecer caseríos como el Lloréns Torres, el San José y el López Sicardó donde las familias pobres viven decorosamente.

Comprensión

Contesta en frases completas las siguientes preguntas.

1. ¿Qué ha hecho el gobierno de Puerto Rico hace unos años para ayudar a los pobres?

   _____

   _____

2. ¿Qué ofrece esto a los pobres?

   _____

   _____

3. ¿Qué propósito piensa realizar el Gobierno con los caseríos?

   _____

4. ¿Por qué prefieren vivir algunos en los arrabales?

   _____

   _____

5. ¿Qué temen los que tienen intereses en los arrabales?

   _____

   _____

ESTRUCTURA

pero, sino, sino que

A **Contrariedades y peligros.** Hace poco fui a visitar a unos amigos que viven en un rancho en el oeste. Yo, que he vivido toda la vida en la ciudad, no soy buen jinete y tuve algunos problemas con mi caballo. Conecta las dos ideas en una sola frase usando las conjunciones *pero, sino* y *sino que*.

1. No corrimos los caballos en las carreteras / en los prados

   _____

   _____

2. No queríamos asustar a unos caminantes / ellos corrieron en dirección opuesta

   _____

   _____

3. No se quedaron callados / expresaron su miedo y enojo

   _____

   _____

4. No me asustó el caballo / un perro sí

   _____

5. No me mordió el caballo / me dio una patada fuerte

   _____

   _____

6. No me recomendaron las inyecciones preventivas / más tarde solicité otra opinión

   _____

   _____

7. No corrimos los caballos hoy / ayer

   _____

8. Nos recomendaron que los montáramos hoy / no les hicimos caso

   _____

   _____

9. Mi caballo no regresó en buenas condiciones / llevaba heridas sangrantes

_____

_____

10. Yo no sabía controlar el caballo / el caballo me controló a mí

_____

_____

11. No me divertí / lo pasé muy mal

_____

12. No fui solo / en grupo

_____

13. Al principio tuve miedo y pensé que era difícil / al final me consideraba un jinete experto

_____

_____

B Escoge la conjunción apropiada (*sino, pero* o *sino que*) y escríbela en el espacio.

1. Lo haría _____ no tengo bastante tiempo.

2. No vamos el lunes _____ el martes.

3. Lo que está tocando la orquesta no es una rumba _____ un tango.

4. Nos gusta muchísimo _____ no vamos a comprarlo.

5. Sé tocar varios instrumentos _____ no toco el piano.

6. No son parientes _____ amigos.

7. Conchita no está ausente _____ no está en clase.

8. No dije que llovería _____ el cielo estaría nublado.

9. No quiero ir al cine _____ no quiero jugar al golf.

10. No intentaba gastar el dinero _____ sólo planeaba divertirse un poquito.

Los pronombres y su colocación

C Escribe las frases siguientes substituyendo pronombres apropiados por las palabras indicadas. Cuidado con los acentos.

1. Perdí *los zapatos.*

   _____

2. Estamos pidiendo *el dinero a los amigos.*

   _____

3. Voy a hablar *del examen al profesor.*

   _____

4. Pronuncia *la palabra* con cuidado.

   _____

5. No hables *a tu hermano* en ese tono.

   _____

6. Siempre digo *la verdad a mis padres.*

   _____

7. Vamos con *Roberto y María.*

   _____

8. Ella no ha dado *la ropa a la Cruz Roja.*

   _____

9. Compré *el regalo* para *mi novia.*

   _____

10. Prometemos mandar *las cartas a usted.*

    _____

11. No pierda Ud. *el lápiz.*

    _____

12. Debemos entregar *los papeles a la maestra.*

    _____

13. Ponga Ud. *la mesa*, por favor.

_____

14. Deseo ver *a doña Luisa.*

_____

15. Recojamos *las flores.*

_____

16. No lleves *el dinero* con *ti mismo.*

_____

17. Va a dar *los regalos a mi hermana.*

_____

18. Papá paga las entradas para *Roberto y Antonio.*

_____

19. Quiero dar *el reloj a la chica.*

_____

20. Lolita, no escriba Ud. *la carta a su novio.*

_____

21. Está comiendo *la ensalada.*

_____

22. No hables *inglés* en esta clase.

_____

23. Llaman cobarde *al traidor.*

_____

24. ¿Quién va a hervir *el agua?*

_____

25. Es necesario que te laves *las manos* antes de comer.

_____

Galería de arte y vida   WORKBOOK
CUADRO 8   **83**

Acciones imprevistas

D A veces uno sufre las consecuencias de una acción imprevista. En el ejercicio que sigue, expresa la acción involuntaria con el reflexivo y agrega el complemento indirecto refiriéndose a la persona.

Modelo: olvidar: me / las llaves
Se me olvidaron las llaves.

1. olvidar: a. me / la fecha   b. nos / los libros   c. te / comprar los dulces   d. les / los sellos

   a. _____

   b. _____

   c. _____

   d. _____

2. perder   a. me / la hora   b. te / la bolsa   c. le / la cartera   d. nos / las llaves

   a. _____

   b. _____

   c. _____

   d. _____

3. romper   a. me / los lentes   b. te / la pierna   c. nos / la lámpara   d. les / los vasos

   a. _____

   b. _____

   c. _____

   d. _____

4. acabar   a. me / el dinero   b. te / la paciencia   c. nos / los refrescos   d. les / las pesetas

   a. _____

   b. _____

   c. _____

   d. _____

La colocación de pronombres con los mandatos

E **Háganlo así, por favor.** En los ensayos para la comedia del Club de Teatro, el director indica a los actores lo que deben hacer. Combina los mandatos con los objetos directos y las personas y objetos indirectos para expresar ideas lógicas y con el arreglo propio.

Modelo: 1-1-1
Di los nombres a Rafael.
Dile los nombres.
Díselos.

1. Di	**1.** los nombres	**1.** Rafael
2. No digas	**2.** las carteras	**2.** a mí
3. Muestra	**3.** el bolso	**3.** a ti
4. No muestren	**4.** las mentiras	**4.** a Ud.
5. Da	**5.** los zapatos	**5.** a él
6. No des	**6.** la verdad	**6.** a ella
7. Enseñe	**7.** el sobre	**7.** a nosotros
8. No enseñen	**8.** la nueva dirección	**8.** a ellos
9. Traiga		
10. No traigas		

1. 6-5-5 _____

_____

2. 2-4-7 _____

_____

3. 7-8-2 _____

_____

4. 9-2-2 _____

_____

5. 5-7-6 _____

_____

6. 1-6-8 _____

_____

7. 4-8-1 _____

_____

8. 3-3-7 _____

_____

El pluscuamperfecto de subjuntivo

F **El incendio.** Hace poco hubo un incendio en la casa de los vecinos. ¡Nunca había visto tanta confusión! Afortunadamente los bomberos llegaron en seguida y sofocaron (*put out*) las llamas. Mucha gente llegó para observar, dar consejos o simplemente hacer comentarios. Escoge una de las frases de introducción para formar ideas lógicas con las ideas expresadas.

Modelo: **El fuego comenzó en la cocina.**
    a. ***Yo dudo que haya comenzado en la cocina.***
    b. ***No fue posible que hubiera comenzado en la cocina.***

Frases de introducción: Yo (dudar)   Algunos vecinos (negar)
                            Tú (sentir)   Es lástima
                            Nosotros (no creer)   No es posible

1. La señora salió a comprar algo.

a. _____

b. _____

2. Ella dejó a los tres peques sin niñera (*baby sitter*).

a. _____
_____

b. _____
_____

3. La niña mayor llamó a los bomberos.

a. _____
_____

b. _____
_____

4. La más chica se rió de la confusión.

a. _____
_____

b. _____
_____

5. La madre estaba durmiendo cuando estalló el fuego.

a. _____

_____

b. _____

_____

6. Una vecina criticó a la pobre madre.

a. _____

_____

b. _____

_____

7. Llegaron seis camiones de bomberos en cinco minutos.

a. _____

_____

b. _____

_____

8. La policía patrulló la vecindad.

a. _____

_____

b. _____

_____

9. Canal 6 de la tele filmó la casa mientras se quemaba.

a. _____

_____

b. _____

_____

10. Los bomberos tuvieron que destruir el techo.

a. _____

_____

b. _____

_____

11. El fuego hizo daño al interior.

a. _____

_____

b. _____

_____

12. El padre no se enojó con su mujer.

a. _____

_____

b. _____

_____

13. En poco tiempo los carpinteros pusieron todo en orden.

a. _____

_____

b. _____

_____

G Cambia las siguientes frases al pluscuamperfecto de subjuntivo según el modelo. Sustituye el imperfecto en la cláusula principal y el pluscuamperfecto de subjuntivo en la cláusula dependiente.

Modelo: **Yo estoy contenta de que tú lo hayas hecho.**
Yo estaba contenta de que tú lo hubieras hecho.

1. Ella teme que yo haya olvidado mi responsabilidad.

   _____

2. No creo que ellos se hayan ido.

   _____

3. Mi tío duda que hayamos visitado ese lugar.

   _____

4. Sienten que tú hayas estado enfermo.

   _____

5. Es posible que ellas hayan acabado con el trabajo.

   _____

6. Me alegro de que hayan celebrado la ocasión.

   _____

7. Es probable que ella ya haya comido.

   _____

8. El dentista espera que yo haya llegado a tiempo.

   _____

9. No es cierto que ella se haya roto el brazo.

   _____

10. Dudan que hayamos oído ese chiste.

    _____

H Lee de nuevo el poema "Fuego infantil" (*Galería de arte y vida,* página 303). Analízalo contestando a las siguientes preguntas que sirven para el análisis literario de un poema.

1. ¿Cuál es la escena? (tiempo, hora del día, estación, lugar, adentro o afuera, etc.)

_____

2. ¿Cuáles son las palabras que más te llaman la atención en el poema?

_____

3. ¿Cuáles son las imágenes?

_____

_____

4. Indica ejemplos de metáfora, simil, personificación, etc.

_____

_____

5. ¿Hay simbolismo? ¿Cuál?

_____

_____

6. ¿Hay ejemplos de paradoja? ¿exageración? ¿ironía?

_____

_____

7. ¿Cuál es la forma métrica del poema?

_____

8. ¿Hay adaptación de sonido al sentido?

_____

9. ¿Cómo rima?

_____

10. ¿Cuáles son las características de un soneto?

_____

_____

CUADRO
9

CAPRICHOS DEL DESTINO

PRIMERA LECTURA

No hay mal que por bien no venga

Había en la corte de Castilla un hombre de gran inteligencia y virtud llamado don Sancho, el cual era muy estimado por el rey. Una de las expresiones favoritas de don Sancho era la siguiente:

¡Todo lo que nos pasa es siempre para lo mejor!

Algunos nobles le tenían envidia y lo acusaron de que preparaba una revolución. El rey los creyó, y envió un mensajero para que don Sancho viniera inmediatamente a la corte. Al mismo tiempo, el rey daba órdenes para que lo mataran en el camino.

Don Sancho se apresuró a obedecer, pero, al bajar de prisa las escaleras de su casa, se cayó y se rompió una pierna. En medio del dolor, repetía:

¡Todo lo que nos pasa es siempre para lo mejor!

A causa del accidente, no pudo ir a la corte del rey. Mientras tanto, éste descubrió la falsedad de las acusaciones contra don Sancho y castigó a los culpables. Don Sancho se dirigió, por fin a la corte, donde fue recibido con grandes honores.

Comprensión

Contesta en frases completas las siguientes preguntas.

1. ¿Por qué estimaba el rey a don Sancho?

_____

_____

2. ¿Cuál era una de las expresiones favoritas de don Sancho?

_____

_____

3. ¿De qué lo acusaron los que le tenían envidia?

_____

_____

4. ¿Qué órdenes había dado el rey?

_____

_____

5. ¿Qué le ocurrió a don Sancho al bajar la escalera?

_____

_____

6. ¿Cómo fue que el accidente tuvo resultados favorables para don Sancho?

_____

_____

SEGUNDA LECTURA

¡Qué sorpresa!

Durante la Segunda Guerra Mundial, una bailarina francesa se enamoró de un aviador norteamericano. Se habían conocido en un café de París un poco después de la entrada de las tropas norteamericanas. El capitán Smith la había visto bailar una noche, e, impresionado por su belleza y su gracia, le rogó al dueño del café que la presentara. Dentro de poco tiempo, los dos se enamoraron y se veían con mucha frecuencia.

Un día ella recibió la mala noticia de que el piloto había sido herido y que estaba entonces en un hospital cerca de la capital francesa. La bailarina fue al hospital lo más pronto posible, y al entrar se encontró con una enfermera de cara severa y de edad indefinida, que parecía ser la directora del hospital.

—Busco al capitán Jorge Smith—dijo la bailarina.—Me han dicho que está herido y que está ahora en este hospital.

—Lo siento mucho, pero no es hora de visitas—le dijo la enfermera.

Y luego, viendo la cara desilusionada de la bailarina, añadió:—Sin embargo, es posible que eso se pueda arreglar. ¿Le conoce usted bien al aviador?

—Ya lo creo—contestó la bailarina—claro que sí, pues yo soy… yo soy… su hermana.

—¡Cuánto me alegro de saberlo!—dijo la señora sonriéndose—y ¡tanto gusto en conocerle a usted! Yo soy su madre.

Comprensión

Contesta en frases completas las siguientes preguntas.

1. ¿Cuándo se habían conocido la bailarina y el aviador?

   _____

   _____

2. ¿Qué le impresionó al capitán Smith?

   _____

   _____

3. ¿Qué noticia recibió la bailarina un día?

   _____

   _____

4. ¿Con quién se encontró la bailarina cuando fue al hospital?

   _____

   _____

5. Describe a la mujer que parecía ser la directora del hospital.

   _____

   _____

6. ¿Por qué no podía ver al capitán en aquel momento?

   _____

   _____

7. Cuando la bailarina dijo que ella era hermana del herido aviador, ¿qué contestó la mujer?

   _____

   _____

8. En tu opinión, ¿por qué cabe este relato en un cuadro titulado Caprichos del destino?

   _____

   _____

ESTRUCTURA

Cláusulas con si

A **La graduación y las fiestas.** Cori ha invitado a Lupe a visitar y asistir a la graduación de su hermano. Para un evento tan importante como éste, hay muchas fiestas y reuniones. En su carta de invitación, Cori escribe: *Si llegas a tiempo, te recogeré en mi coche.* Por desgracia la carta llegó con retraso y en malísimas condiciones, dejándola casi ilegible. Por teléfono Cori le relata lo que había escrito: —Dije que *si llegaras a tiempo, te recogería en mi coche.* Sigue con el relato de la llamada telefónica escribiendo las frases según el modelo:

Modelo: Si llegas a tiempo, te recogeré en mi coche.
Si llegaras a tiempo, te recogería en mi coche.

1. Si llegas al aeropuerto al mediodía, conocerás a unas amigas mías.

   _____

   _____

2. Si no tienes mucho equipaje, iremos directo a la primera fiesta.

   _____

   _____

3. Pero si llevas muchas maletas, las dejaremos primero en casa.

   _____

   _____

4. Si no llueve esa tarde, caminaremos hasta el auditorio que queda cerca.

   _____

   _____

5. Sé que te encanta la tele, pero si la miramos, no veremos la procesión.

   _____

   _____

6. Si salimos de casa con retraso, perderemos la presentación de los diplomas.

   _____

   _____

7. Si no vamos temprano, no encontraremos buenos asientos.

   _____

   _____

8. Si tenemos tiempo, recogeremos unos regalos cerca de aquí.

_____

_____

9. Si volvemos a casa después de la ceremonia, encontraremos a todos divirtiéndose.

_____

_____

10. Si nos ponemos a charlar, no estaremos listas para el baile.

_____

_____

11. Si no dormimos bien, no tendremos ganas de ir a las otras fiestas.

_____

_____

B Ahora, repite el mismo Ejercicio A cambiando el tiempo de las acciones a la semana pasada.

Modelo: *Si hubieras venido a tiempo, te habría recogido en mi coche.*

1. _____

_____

2. _____

_____

3. _____

_____

4. _____

_____

5. _____

_____

6. _____

_____

7. _____

_____

8. _____

_____

9. _____

_____

10. _____

_____

11. _____

_____

El subjuntivo y la concordancia de tiempos

C Cambia las frases del presente al pasado según el modelo.

> **Modelo: Pido al peque que cante.**
> *Pedí al peque que cantara.*

1. Insisto en que mi hijo estudie.

_____

2. Prohibo que ellos vayan.

_____

3. Ruego que vuelvan pronto.

_____

4. Quiero que lo compren.

_____

5. Siento que ella esté enferma.

_____

6. Me alegro de que tengamos suerte.

_____

7. Espero que vengas.

_____

8. No creo que lo haga.

_____

9. Dudo que sean ricos.

_____

10. Ordeno que practiques cada día.

_____

11. No permito que llegues tarde.

_____

12. No me importa que pierdas tu tiempo.

_____

Nombre _____ Fecha _____

D Llena el espacio con la forma apropiada del verbo entre paréntesis.

   Modelo: Si él (tener) _____ hambre, comería.
        Si él tuviera hambre, comería.

1. Si tú (necesitar) _____ un bolígrafo, te prestaría el mío.

2. Si ella (cantar) _____ , todos guardarían silencio.

3. Si (llover) _____ , llevaría mi impermeable.

4. Si (tener) _____ tiempo hoy, daría un paseo por el parque.

5. Si (hacer) _____ calor, Uds. podrían ir a la playa.

6. Si yo (perder) _____ mi libro, el profesor me prestaría el suyo.

7. Si los perezosos (estudiar) _____ , recibirían buenas notas.

8. Si Ud. (estar) _____ listo, saldríamos.

9. Si tu tío (mejorarse) _____ , nos acompañaría.

10. Si (nevar) _____ , esquiaríamos.

E Llena el espacio con el pluscuamperfecto del subjuntivo según el modelo.

   Modelo: Si ella (salir) _____ , yo habría ido también.
        Si ella hubiera salido, yo habría ido también.

1. Si tú (necesitar) _____ dinero, te lo habría prestado.

2. Si don Juan (ser) _____ rey, habría reinado con prudencia.

3. Si el profesor (estar) _____ en la clase, eso no habría ocurrido.

4. Si nosotros (tener) _____ dinero, habríamos hecho el viaje.

5. Si Rosa Leyes (comprar) _____ una pipa, la habría fumado.

6. Si yo (perder) _____ mi bolsa, habría comprado otra.

7. Si mamá (gritar) _____ , los niños habrían oído.

8. Si el artista la (ver) _____ , habría pintado su retrato.

9. Si ella (seguir) _____ este camino, habría llegado a tiempo.

10. Si Pablo (sentirse) _____ mejor, nos habría ayudado.

F Escribe las siguientes frases según el modelo.

Modelo: **Si tiene dinero, (pagarme)**
Si tiene dinero, me pagará.
Si tuviera dinero, me pagaría.
Si hubiera tenido dinero, me habría pagado.

1. Si ella sale, yo (salir también)

_____

_____

2. Si yo gano el premio, (comprar un coche)

_____

_____

_____

3. Si ellas visitan Madrid, (ver un museo magnífico)

_____

_____

_____

4. Si remo hacia la otra ribera, (poder seguir a la deriva)

_____

_____

_____

5. Si tú te enfermas, (mi hermano llamar al médico)

_____

_____

_____

La construcción como si + *el imperfecto del subjuntivo*

G Escribe las frases empleando *como si* según el modelo.

Modelo: **La mujer portaba la damajuana / no pesar mucho**
La mujer portaba la damajuana como si no pesara mucho.

1. Ella tenía hambre / no haber comido hace mucho tiempo

   _____

   _____

2. El perro empezó a ladrar / ver al ladrón

   _____

3. Acercamos a la puerta / conocer a la persona que tocaba

   _____

   _____

4. Mario llevaba ropa ligera / no tener frío

   _____

5. Ellos conversaban / ser amigos íntimos

   _____

6. Paquita recitaba el poema / haberlo aprendido de memoria

   _____

   _____

7. Caminó rápidamente / no estar herido

   _____

8. Lo hizo con ganas / no haber problema

   _____

9. El niño gateaba / ser un animalito

   _____

10. El cielo estaba oscuro / ir a llover

    _____

Construcciones con ojalá + *el subjuntivo*

H Escribe las frases empleando *ojalá* + el subjuntivo según el modelo.

Modelo: **Ojalá que no (llover) durante la fiesta.**
Ojalá que no llueva durante la fiesta.

1. Ojalá que él (llegar) antes de que salgan ellos.

_____

2. Ojalá que nosotros (despertarnos) a la hora esperada.

_____

3. Ojalá que ellos (volver) para ayudarnos.

_____

4. Ojalá que este traje (ser) bastante formal.

_____

5. Ojalá que el banco me (prestar) el dinero.

_____

I **¿Qué esperas tú?** ¿Qué cambios te gustaría ver o efectuar? Exprésalos con *ojalá que* + el imperfecto del subjuntivo.

Modelo: **no / ser tan pesimista este cuento**
Ojalá que no fuera tan pesimista este cuento.

1. yo / ser tu padre

_____

2. nosotros / conocer al empleado

_____

3. ellos / poder trabajar todos los días

_____

4. tú / ver la posibilidad de mejorar las circunstancias

_____

5. Melodía / tener una dieta nutritiva

_____

Las comparaciones

J Traduce las palabras en inglés al español.

Modelo: **Pedro es** (*taller*) _____ **Juanito.**
   Pedro es más alto que Juanito.

1. La carne es (*more expensive than*) las legumbres.

   _____

2. Ana es (*as rich as*) su hermana.

   _____

3. Estas comedias son (*less interesting than*) las tragedias.

   _____

4. Pamplona es (*smaller than*) Madrid.

   _____

5. Esta flor es (*as beautiful as*) ésa.

   _____

6. El tren corre (*faster than*) el camión.

   _____

7. El profesor es (*the shortest*) de los tres.

   _____

8. Mi hija es (*the younger*) de las dos chicas.

   _____

9. Ese edificio es (*the oldest*) en la ciudad.

   _____

10. El ejercicio es (*as difficult as*) la lección.

   _____

11. Esta casa es (*as pretty as*) la de mi abuela.

   _____

12. El tigre es (*stronger than*) el perrito.

   _____

13. Aquella calle es (*longer than*) esta avenida.

_____

14. España no es (*as large as*) los Estados Unidos.

_____

15. Juan es (*the best*) alumno de la clase de español.

_____

16. Esta sopa es (*the worst*) que he probado.

_____

17. ¿Conoces a mi (*older*) hermano?

_____

18. El joven es (*as serious as*) su padre.

_____

19. El cielo parece (*less cloudy*) hoy.

_____

20. Ella es pequeña; su hermana es (*smaller*) y su prima es (*the smallest*).

_____

_____

K Escribe la forma superlativa de los siguientes adjetivos, empleando *más* y *menos* y el artículo definido según el modelo.

Modelo:

simpático: *el más simpático*   *el menos simpático*

1. barato: _____   _____

2. baja: _____   _____

3. malos: _____   _____

4. joven: _____   _____

5. buena: _____   _____

6. fácil: _____   _____

7. pequeños   _____   _____

Los negativos

L Cambia las frases siguientes de afirmativas a negativas.

> **Modelo: Vi a tu amiga en alguna parte ayer.**
> *No vi a tu amiga en ninguna parte ayer.*

1. Puedo hablarte pronto.

   _____

2. Dijo algo.

   _____

3. Alguien está en casa ahora.

   _____

4. Y yo también voy.

   _____

5. Veo a alguien en la calle.

   _____

6. Es un secreto sumamente interesante.

   _____

7. Alguien está tocando la puerta.

   _____

8. Él tiene plumas y lápices.

   _____

9. Voy y Roberto va también.

   _____

10. Algunos quieren ir al cine.

    _____

11. Mi mamá siempre está en casa.

    _____

12. Al decir algo, salió riendo.

    _____

13. Tengo algo que comer.

_____

14. Siempre dan regalos a los menores.

_____

15. Van a entrevistar a alguien.

_____

16. Alguna persona mencionó algo de ese asunto.

_____

17. ¡Caramba! Salí de la casa con pasaporte.

_____

18. ¿Oíste la música?

_____

19. Me gustaría conocer a alguna persona de Brasil.

_____

20. Podemos hacer algo para mejorarnos.

_____

M Escribe un párrafo corto en el cual describes la selva. Estas preguntas pueden ayudarte: ¿Cómo es la vegetación? ¿el clima? ¿Hay animales? ¿insectos? ¿Hay peligros?

_____

_____

_____

_____

_____

_____

_____

_____

CUADRO
10

LA MUJER

PRIMERA LECTURA

Carta a una consejera

15 Elm Street
Chicago, Illinois
5 de junio

Sra. Consejera
El Diario
Apartado 333
Asunción, Paraguay

Estimada Sra. Consejera:

Tengo quince años y soy paraguaya. Mi padre trabaja para una compañía internacional y en enero nos mudamos a los Estados Unidos. Ahora soy alumna del primer año en una escuela secundaria bien diferente que el colegio que conocía en Asunción. Soy tímida y sé solamente unas pocas palabras en inglés. Por eso, no he hecho muchos amigos aunque todos han sido muy amables conmigo.

Hace un mes conocí a Ricardo, un muchacho del cuarto año. Es un joven encantador, muy popular, y parece que me encuentra simpática y atractiva. Tres veces me ha invitado a salir con él pero mis padres, que son chapados a la antigua (*old-fashioned*), no lo permiten. No conocen a Ricardo y dicen que no quieren conocerlo porque soy demasiado joven para salir en cita con un «senior». Temo que su interés se marchite.

Le escribo a usted, señora Consejera, porque cuando vivíamos en Asunción, siempre leía con interés sus soluciones para los problemas juveniles. ¿Qué debo hacer? Ayúdeme, por favor.

Joven y triste,
Inés Orrego

Comprensión

Contesta en frases completas las siguientes preguntas.

1. ¿De dónde es Inés Orrego?

   _____

2. ¿A qué escuela asiste ella?

   _____

3. ¿Por qué no ha hecho muchos amigos en los Estados Unidos?

   _____

   _____

4. ¿Cómo es Ricardo?

   _____

5. Explica lo que significa la expresión "chapado a la antigua".

   _____

   _____

6. ¿De qué tiene miedo la escritora de la carta?

   _____

   _____

7. ¿Qué pide ella a la Sra. Consejera?

   _____

SEGUNDA LECTURA

Hacia la independencia
(por Soledad Rodríguez)

El sentirse independiente es sin duda un factor importante para que la mujer se estime a sí misma; y si no logra quererse, difícilmente podrá amar a los demás. Para ello es fundamental que se conozca bien, con sus cualidades y también sus limitaciones.

La independencia podrá ser mantenida en la medida que se haya establecido un sentido de identidad y una forma de vida consistente con las propias potencialidades. Este proceso de lograr la identidad continúa a lo largo de la vida, en distintas formas, en las etapas de las diferentes edades.

La independencia es una actitud interna, basada en la capacidad de elegir, de allí que la identidad de una persona no consiste en lo que ella «es», sino en lo que por razones conscientes e inconscientes «eligió ser».

Para ser independientes las mujeres primero deben tener las ganas de serlo; luego tienen que trabajar con ellas mismas para conocerse y desarrollarse como personas, pero al parecer también habría que trabajar para educar mejor a los hombres. Si bien ellos le han concedido a las mujeres el voto, la educación y el derecho a trabajar fuera de la casa, el concepto que ellos aún tienen de las mujeres y de sus posibilidades dista mucho de ser psicológicamente maduro.

Comprensión

A Contesta en frases completas las siguientes preguntas.

1. ¿Para qué es un factor importante el sentirse independiente?

   _____

   _____

2. ¿Hasta cuándo dura el proceso de lograr la identidad?

   _____

   _____

3. ¿Por qué es la independencia una actitud interna?

   _____

   _____

4. Para ser independientes, ¿qué es lo primero que deben tener las mujeres?

   _____

   _____

5. Según la lectura, ¿qué les han concedido los hombres a las mujeres?

_____

_____

6. Según las conclusiones recogidas por la autora, ¿qué deben hacer las mujeres para ser independientes?

_____

_____

_____

B **Cuestionario.** Cada persona en la clase debe completar el siguiente cuestionario, indicando primero su sexo. Pon "X" en la columna apropiada. Luego, sumen las respuestas y determinen si hay diferencias entre las actitudes de los hombres y las mujeres. ¿Cuáles son?

	de acuerdo	en contra	no me importa
1. Hay ciertos trabajos que deben ser totalmente prohibidos para la mujer.	_____	_____	_____
2. El hogar y el matrimonio deben ser más importantes para la mujer que el trabajo.	_____	_____	_____
3. Los hombres deben ganar más que las mujeres porque son tradicionalmente «cabezas» de la familia.	_____	_____	_____
4. Hay oposición a que la mujer ocupe puestos de mando cuando la mayoría de los empleados son hombres.	_____	_____	_____
5. Si un hombre y una mujer hacen el mismo trabajo, deben recibir el mismo sueldo.	_____	_____	_____
6. El trabajo que hacen los chicos para ayudar en casa debe concentrarse en los trabajos que requieren fuerza física.	_____	_____	_____
7. Los novios deben considerar antes de casarse si la esposa debe seguir trabajando después de casarse.	_____	_____	_____
8. La preparación de la mujer para muchos trabajos es muy limitada.	_____	_____	_____
9. El hombre y la mujer deben dividir las responsabilidades del hogar.	_____	_____	_____
10. Los chicos no deben compartir las tareas domésticas.	_____	_____	_____

Continúa:	de acuerdo	en contra	no me importa
11. El padre tanto como la madre, debe cuidar a los chiquitos.	_____	_____	_____
12. El dinero que gana una mujer casada debe ser exclusivamente suyo.	_____	_____	_____
13. La mujer que tiene hijos no debe trabajar a menos que los hijos estén en la escuela.	_____	_____	_____
14. La mujer tiene derecho de escoger entre carrera y familia aunque su marido no lo acepte.	_____	_____	_____
15. La mujer que trabaja sufre más frustraciones en el trabajo que el hombre.	_____	_____	_____

C **Un segundo cuestionario.** Esta vez, cada persona va a reaccionar a ciertos refranes españoles. De nuevo han de sumar las respuestas y determinar las diferencias entre las actitudes de los hombres y las mujeres. ¿Cuáles son?

	de acuerdo	en contra	no me importa
1. Cada persona debe cumplir con el fin para el que ha sido creada.	_____	_____	_____
2. Al hombre de más saber, una mujer sola le echa a perder.	_____	_____	_____
3. Donde la mujer manda, el hombre no vale nada.	_____	_____	_____
4. La mujer en casa y el hombre en la plaza.	_____	_____	_____
5. La mujer cuando se irrita, muda de sexo.	_____	_____	_____
6. La mujer sin hombre es como fuego sin leña.	_____	_____	_____
7. Los hombres ganan la hacienda y las mujeres la conservan.	_____	_____	_____
8. Hombre bermejo (*ruddy*) y mujer barbuda (*bearded*), de una legua se los saluda.	_____	_____	_____
9. El hombre donde nace y la mujer donde va.	_____	_____	_____
10. La mujer que, por rica que sea, si la preguntan más desea.	_____	_____	_____
11. La mujer buena, corona es del marido, y el marido honrado, de la mujer es dechado (modelo).	_____	_____	_____
12. Si no puedes lo que quieres, quiere lo que puedes.	_____	_____	_____

ESTRUCTURA

Los pronombres relativos

A **¿Hogar dulce hogar?** Una persona que conozco me invitó hace poco a su casa. Yo estaba contenta de poder visitar esa casa de la que comentaban todos. Resultó una experiencia desconcertante, pero de mucho valor para mí. Completa los verbos en el imperfecto de indicativo y conecta las dos oraciones con el relativo *que*.

Modelo: **Yo (querer) visitar la casa. La casa (estar) en lo alto de un cerro.**
Yo quería visitar la casa que estaba en lo alto de un cerro.

1. Esa familia (vivir) en una casa magnífica. La casa (tener) seis habitaciones y cuatro cuartos de baño.

   _____

   _____

2. En el comedor (haber) una mesa larguísima. La mesa (poder) acomodar a veinte personas.

   _____

   _____

3. En la biblioteca (guardarse) miles de libros. Los libros (ser) de gran valor.

   _____

   _____

4. Desde el porche yo (observar) una vista formidable. La vista (presentar) un panorama de la ciudad, el río y el bosque cercano.

   _____

   _____

5. Yo nunca (haber) visto tales roperos. Los roperos (tener) las mismas dimensiones que mi habitación.

   _____

   _____

6. En dicha casa yo (pensar) que (deber) vivir una familia feliz. La familia (ser) unida y comprensiva.

   _____

   _____

7. Todo el tiempo (estar) en el trabajo los padres. Yo (creer) que no (trabajar).

   _____

   _____

B **¡Cómo han cambiado los tiempos!** La sociedad dejó de ser conservadora, y la mujer avanzó rápidamente a ser parte íntegra del mundo actual. Vamos a describir este movimiento en breve. Combina las oraciones con *que, quien, a quien, de quien, con quien* o *para quien*.

Modelo: **La señora salió de su despacho. La conociste ayer.**
  La señora, a quien conociste ayer, salió de su despacho.

1. Hace muchos años las mujeres no desarrollaban su potencial. Los padres hacían arreglos para ellas.

   _____

   _____

2. Unos padres egoístas temían pasar sus últimos años a solas. Guardo resentimiento para ellos.

   _____

   _____

3. Las chicas no podían salir de ese ambiente restrictivo. Les enseñaron a cocinar, a coser y a cuidar niños.

   _____

   _____

4. Más tarde con el movimiento de liberación las organizadoras protestaron la discriminación contra la mujer. Las organizadoras eran de avanzada.

   _____

   _____

5. Entonces algunos padres aplaudieron los avances de las mujeres. Tuve el gusto de conocer a muchos de ellos.

   _____

   _____

6. Las mujeres listas no aceptaron ser ciudadanas de segunda clase. Ellas formaron la mayoría.

   _____

   _____

7. Es cuando los padres comenzaron a educar a las hijas para ser independientes. Estamos orgullosos de ellos.

   _____

   _____

C Combina las dos oraciones en una usando un pronombre relativo apropiado.

   Modelo: El grupo está en el restaurante. Es mi familia.
   El grupo que está en el restaurante es mi familia.

1. Estos son nuestros parientes. Vivimos con ellos.

   _____

   _____

2. El rastreador es un personaje interesante. Sus aseveraciones hacen fe en los tribunales menores.

   _____

   _____

3. Es mi amigo Miguel. Fui al cine con él anoche.

   _____

   _____

4. Muchas madres se preparan para carreras diferentes. Sus hijos ya son mayores.

   _____

   _____

5. La mujer es una bailarina. Hablo de ella con frecuencia.

   _____

   _____

6. Los amigos son de Torremolinos. Salgo con ellos de vez en cuando.

   _____

   _____

7. Viajan cada verano. Debe ser muy educativo.

   _____

   _____

8. Él nunca lleva dinero en su cartera. Me extraña.

   _____

   _____

D Selecciona uno de los siguientes pronombres relativos para completar correctamente las siguientes frases: *el que, la que, el cual, la cual, los que, las que, los cuales, las cuales, lo que, lo cual.*

1. Vi a la mujer del hombre _____ estaba enferma.

2. Me dio dos pesetas _____ no me gustó.

3. Recetaron medicinas sin _____ sería difícil restablecerme.

4. Indicó la mesa sobre _____ estaban los libros.

5. La juventud, por _____ pasamos todos, puede ser una etapa difícil.

6. Era el soldado por _____ se sacrificó.

7. Vamos a darle _____ pidió.

8. Llegamos a tiempo _____ agradó al profesor.

9. Vamos a visitar esta iglesia _____ es famosa por sus altares dorados.

10. Yo no sé de _____ estás hablando.

E Completa con la forma apropiada de *cuyo.*

1. Allí está el estudio del artista _____ retratos son carísimos.

2. Es una bailarina _____ talento es incomparable.

3. Quiero presentarte a mi amigo _____ hermana está viajando por Europa.

4. Es el estudiante _____ familia es de Puerto Rico.

5. Busco un mercado _____ frutas sean siempre frescas.

6. Ésta es una institución _____ interés es la igualdad de la mujer.

7. Ella es la autora _____ libro compré ayer.

8. Éste es el niño _____ padre es mi amigo.

8. Es una ciudad _____ gente es muy amable.

10. Ésta es una companía _____ empleados son muy eficientes.

La formación de los adverbios

F Indica el adverbio que se puede formar de cada uno de los siguientes adjetivos.

Adjetivo	Adverbio
1. flojo	1. _____
2. feliz	2. _____
3. descortés	3. _____
4. seguro	4. _____
5. igual	5. _____
6. frecuente	6. _____
7. hábil	7. _____
8. popular	8. _____
9. curioso	9. _____
10. pausado	10. _____

Los números ordinales

G Traduce las palabras inglesas usando los ordinales indicados.

1. Se destacaron muchos artistas en el (Nineteenth Century) _____ .

2. El día de Todos los Santos es (November first) _____ .

3. Hay muchos teatros en (42nd Street) _____ .

4. Pronto brotarán (the first) _____ flores de la primavera.

5. En esa época (Louis the Fourteenth) _____ era rey de Francia.

6. Ellos viven en (the third) _____ piso de este edificio.

7. Goya pintó una obra llamada (the Second of May) _____ .

8. Los (first) _____ capítulos de esta novela son los más interesantes.

9. No leas (the thirteenth chapter) _____ .

10. La secretaria trabaja en (the third) _____ oficina.

11. Busca el (first) _____ libro en el (third) _____ estante.

H Traduce al español el siguiente párrafo. Nota que será necesario emplear ejemplos de las estructuras recién aprendidas.

On the first of January, my cousin, who lives in Guatemala, will celebrate her sixteenth birthday. She is my oldest cousin and the one whose mother is the best lawyer in their city. Would that I had a lot of money! If I were rich, I would travel to Guatemala to attend her party. I would buy the biggest and most expensive gift from the best store downtown, dress in the newest suit I have and fly on the fastest plane to see her. She is the nicest person I know, and if it were possible, I'd like to surprise her. I would even take my younger brother with me (I am the oldest of three). Unfortunately, I have no money, and no one wants to go with me!

_____

_____

_____

_____

_____

_____

_____

_____

_____

_____

CUADRO
11

LA FANTASÍA Y LA IMAGINACIÓN

PRIMERA LECTURA

El Carnaval

El Carnaval, que se celebra durante los tres o cuatro días antes del Miércoles de Ceniza, representa una evasión de la vida cotidiana. Es ocasión para actuar, dentro de cierto límite, como a uno le dé la gana, de hacer las cosas que no se pensarían hacer en la vida corriente. Se olvidan los asuntos urgentes de la vida, se rechazan los desengaños y la seriedad, se entierra el mal humor. Un médico añadiría: se evitan los trastornos nerviosos.

En todas las ciudades que se distinguen por el brío y colorido de su Carnaval (Río de Janeiro, Montevideo, la Habana) se abre la temporada de Carnaval con la llegada triunfal de Momo, mítico rey del Carnaval. El rey Momo no es nada más que un fantoche (*puppet*) gigantesco sentado en un trono de oro. Acompañan la carroza real los miembros de la corte y tipos tradicionales, tales como Lucifer, esqueletos que bailan, don Condorito con la cabeza del cóndor, don Burro con la cabeza del asno y otros colegas extraños.

Al llegar a una plaza principal el rey Momo recibe las llaves de la ciudad, proclama por decreto real la caída del gobierno viejo y el establecimiento de la alegría y de la insensatez.

¡Viva el rey Momo! Desde aquel momento empiezan las mascaradas, los confeti, las serpentinas, el bullicio y los bailes.

Por la América Latina muchos son los Pierrots que cantan a la luna en las noches de Carnaval. Hay unos que cantan por amor al canto, otros que buscan en la pálida luz lunar algún alivio a los dolores que los oprimen.

Comprensión

Contesta en frases completas las siguientes preguntas.

1. ¿Cuándo se celebra el Carnaval en los países latinos?

   _____

   _____

2. ¿Cuáles preocupaciones de la vida diaria se rechazan durante este tiempo?

   _____

   _____

3. ¿Cuáles son algunas de las ciudades que se distinguen por el colorido de su Carnaval?

_____

_____

4. ¿Quién es Momo?

_____

5. ¿Quiénes acompañan la carroza real?

_____

_____

6. ¿Qué proclama el rey-fantoche al llegar a la plaza principal?

_____

_____

7. ¿Qué cosas tira la gente durante los desfiles y el bullicio general?

_____

_____

8. ¿Qué hacen los que se visten de Pierrot durante las celebraciones?

_____

SEGUNDA LECTURA

Medicina Milagrosa
(de *Nosotros, No* por José Bernardo Adolph)

Aquella tarde cuando tintinearon (*jingled*) las campanillas de los teletipos y fue repartida la noticia como un milagro, los hombres de todas las latitudes se confundieron en un solo grito de triunfo. Tal como había sido predicho doscientos años antes. Finalmente el hombre había conquistado la inmortalidad en 2168.

Todos los altavoces del mundo, todos los transmisores de imágenes, todos los boletines destacaron esta gran revolución biológica. También yo me alegré, naturalmente, en un primer instante.

¡Cuánto habíamos esperado este día!

Una sola inyección, de cien centímetros cúbicos, era todo lo que hacía falta para no morir jamás. Una sola inyección, aplicada cada cien años, garantizaba que ningún cuerpo humano se descompondría nunca. Desde ese día, sólo un accidente podría acabar con una vida humana. Adiós a la enfermedad, a la senectud (*old age*), a la muerte por desfallecimiento orgánico.

Una sola inyección, cada cien años.

Hasta que vino la segunda noticia, complementaria de la primera. La inyección sólo produciría efecto entre los menores de veinte años. Ningún ser humano que hubiera traspasado la edad del crecimiento podría detener su descomposición interna a tiempo. Solo los jóvenes serían inmortales. El gobierno federal mundial se preparaba ya a organizar el envío, reparto, y aplicación de las dosis a todos los niños y adolescentes de la tierra. Los compartimientos de medicina de los cohetes llevarían las ampolletas (*small vials*) a las más lejanas colonias terrestres del espacio.

Todos serían inmortales.

Menos nosotros, los mayores, los adultos, los formados, en cuyo organismo la semilla de la muerte estaba ya definitivamente implantada… Nosotros, no.

Comprensión

Contesta en frases completas las siguientes preguntas.

1. ¿Qué noticia fue repartida una tarde por los teletipos?

   _____

   _____

2. ¿Cómo reaccionaron todos?

   _____

3. ¿Cuándo había sido predicho este milagro?

   _____

4. ¿Qué fue el milagro?

   _____

5. ¿Cada cuándo se debía dar la inyección?

_____

6. ¿Qué garantizaba la inyección?

_____

_____

7. ¿Qué es la única cosa que podía invertir los resultados esperados de la medicina?

_____

_____

8. ¿Cuál fue la segunda noticia?

_____

_____

9. ¿Quiénes serían inmortales?

_____

10. ¿Quién organizaba la distribución de las dosis?

_____

_____

11. ¿A quiénes pensaba darlas?

_____

_____

12. ¿Cómo iban a transportar la medicina? ¿Adónde?

_____

_____

13. ¿Por qué somos «nosotros» quienes no van a aprovecharse de la medicina milagrosa?

_____

_____

14. En tu opinión, ¿pertenecen los cuentos de ciencia-ficción al mundo de la fantasía?

_____

_____

LA INSPIRACIÓN Y LA ESPERANZA

PRIMERA LECTURA

La Giralda y la Virgen de la Macarena

La Giralda fue construida por los moros y formaba parte de la antigua mezquita de Sevilla. Era la torre desde donde el almuecín (un musulmán, oficial de la mezquita) llamaba al pueblo a la oración. Cuando los Reyes Católicos, Fernando e Isabel, reconquistaron la ciudad, destruyeron la mezquita e hicieron construir la catedral.

La catedral de Sevilla es la tercera más grande del mundo. La Giralda se conserva como torre de la catedral y campanario. Se sube a la Giralda por una serie de rampas que se construyeron, según la tradición, para que el rey moro pudiera subir montado a caballo. Desde lo alto se ve toda la hermosa ciudad y a lo lejos los picos de la legendaria Sierra Morena. Como dice el refrán: ¡Quien no ha visto a Sevilla, no ha visto maravilla!

La Virgen de la Macarena es la Santa Patrona que inspira a los devotos de Sevilla. La figura de ella es una de las más bellas y ornamentadas del mundo. Vale unos cuatro millones de dólares. La capa y el vestido de la Virgen están adornados de joyas preciosas tales como rubíes, esmeraldas, perlas y zafiros. Cada lágrima en sus mejillas es un diamante perfecto. La Macarena también es la patrona de los toreros. Otras imágenes de la Virgen de la Macarena se encuentran en las capillas de las plazas de toros donde suelen ir los toreros a rezar, pidiendo valor, protección e inspiración en la corrida.

Comprensión

Contesta en frases completas las siguientes preguntas.

1. ¿Quiénes construyeron la Giralda?

_____

2. ¿Para qué servía la torre?

_____

3. ¿Durante el reino de cuáles reyes fue destruida la Giralda?

_____

_____

4. ¿Cómo se sube a la Giralda?

_____

_____

5. ¿Para qué había rampas conduciendo a lo alto de la torre?

_____

_____

6. ¿Quién es la Santa Patrona de Sevilla?

_____

7. ¿Cuánto valen la figura y el vestuario de ella?

_____

_____

8. Describe el vestido de la figura de la Virgen de la Macarena.

_____

_____

9. ¿Cuáles de las joyas representan las lágrimas de la figura?

_____

SEGUNDA LECTURA

Consejos de Polonio

Las responsabilidades de los padres hacia los niños son numerosas. Desde su nacimiento hasta la adolescencia hay que abrigarlos, protegerlos, amarlos y ayudarlos, escucharlos y comprenderlos, cuidarlos y aconsejarlos. Y, esperar que un día sean adultos, sanos e inteligentes, productivos e independientes.

La selección que sigue viene del Acto I, Escena III de *Hamlet* por William Shakespeare. Laertes es amigo de Hamlet, hermano de Ofelia e hijo de Polonio. Va de Dinamarca a Francia para seguir con sus estudios. Está por embarcarse cuando llega su padre y le pronuncia estas palabras inspirativas de consejo respecto a su comportamiento mientras esté en el extranjero.

Polonio: ¿Aún aquí, Laertes? ¡A bordo, a bordo!
           Ya infla el viento las velas de la nave
           y aún no embarcas. Te doy mi bendición
           y unos consejos para que los grabes
           en tu mente. No des lengua ni acción
           a un desproporcionado pensamiento.
           Sé sencillo, pero jamás grosero.
           Los amigos que tengas bien probados
           márcalos en tu alma con acero,
           pero no des tu mano fácilmente
           al que apenas salió del cascarón.
           Guárdate de mezclarte en una riña
           pero si riñes, que de ti se guarden.
           Da oído a todos y a pocos tu voz.
           Sufre la censura y reserva el juicio.
           Lleva el atenduo que tu bolsa alcance,
           rico, sin alarde ni extravagancia
           porque el traje comúnmente define
           al individuo y mucho más en Francia
           donde los de alta alcurnia o posición
           son en esto escogidos y rumbosos.
           A nadie prestes ni pidas prestado
           porque perderás préstamo y amigo
           mellando el filo de tu economía.
           Y sobre todo: sé fiel a ti mismo,
           que así como la noche sigue al día,
           con nadie has de ser falso ni desleal.
           Mi bendición sazone estos consejos.

Comprensión

Escribe una frase resumiendo lo que aconseja Polonio respecto a cada una de las siguientes sugerencias.

1. el pensamiento:

   _____

   _____

2. los amigos:

   _____

   _____

3. las riñas:

   _____

   _____

4. el vestido:

   _____

   _____

5. el dinero:

   _____

6. la lealtad a sí mismo

   _____

   _____

TERCERA LECTURA

Ananké (*Fate*)
(por Rafael Arévalo Martínez)

Cuando llegué a la parte en que el camino
se dividía en dos, la sombra vino
a doblar el horror de mi agonía.
¡Hora de los destinos! Cuando llegas
es inútil luchar. Y yo sentía
que me solicitaban fuerzas ciegas.

Desde la cumbre en que disforme lava
escondía la frente de granito
mi vida como un péndulo oscilaba
con la fatalidad de un «está escrito».

Un paso nada más y definía
para mí la existencia o la agonía,
para mí la razón o el desatino…
Yo di aquel paso y se cumplió un destino.

Comprensión

Contesta en frases completas las siguientes preguntas.

1. ¿En qué momento de su vida se encuentra el poeta?

   _____

   _____

   _____

2. ¿Qué complicó más su decisión?

   _____

   _____

3. ¿Qué actitud hacia la vida expresa el poeta?

   _____

   _____

4. ¿Cuáles eran las dos divisiones en el camino?

   _____

   _____

AUDIO ACTIVITIES

AUDIO ACTIVITIES

CONTENIDO

CUADRO
1

EL ARTE

PRIMERA PARTE

Actividad 1
1. a. Carlos
   b. Nela Gómez
   c. su abuela

2. a. a buscar un coche
   b. al Museo de Arte Contemporáneo
   c. a visitar a la abuela

3. a. Tiene que perder la exhibición.
   b. El museo se cierra en un par de horas.
   c. Tiene que entregar el coche a su padre.

4. a. El museo se cierra pronto.
   b. Los jueves simepre hace una visita.
   c. Porque vale la pena.

5. a. a las ocho
   b. en unpar de horas
   c. un poco más tarde

Actividad 8
1. a. en Uruguay
   b. en Francia con Toulouse-Lautrec
   c. en las capitales del mundo

2. a. carteles
   b. cuadros murales
   c. juguetes

3. a. su propio estilo
   b. las obras de los cubistas
   c. la lucha para ser reconocido

Actividad 10
1. a. en Italia
   b. en Madrid
   c. en Barcelona

2. a. una iglesia
   b. una familia religiosa
   c. un espíritu libre

3. a. Catalina
   b. Dalí
   c. Gaudí

4. a. escultórico
   b. excéntrico
   c. inclinado

5. a. que el edificio acaba de ser completado
   b. que el edificio va a caer pronto
   c. que visite la iglesia como turista

SEGUNDA PARTE

Actividad 2

1. a. utilización de colores
   b. un ladrón robando una caja
   c. un museo de pintura moderna

2. a. Se muestra todo al espectador.
   b. No hay cambios.
   c. Los artistas se limitan a sugerir.

3. a. Es cosa muy natural.
   b. Se la ha llevado el ladrón.
   c. Es una caja de caudales.

Actividad 7

1. V F
2. V F
3. V F
4. V F
5. V F
6. V F
7. V F
8. V F
9. V F
10. V F

Actividad 9

1. V F
2. V F
3. V F
4. V F
5. V F
6. V F

Actividad 11

1. a. No puede examinar sus cuadros.
   b. No puede vender sus cuadros.
   c. No puede entrar en el estudio.

2. a. un ladrón
   b. un pintor
   c. un saltador

3. a. que un amigo piensa sorprenderlo
   b. que alguien quiere comprar varias pinturas suyas
   c. que alguien va a robar sus cuadros

4. a. Dice que está muy triste y desanimado.
   b. Dice que el hombre puede llevarse los cuadros.
   c. Dice con calma que vende los cuadros a su amigo.

Galería de arte y vida AUDIO ACTIVITIES

CUADRO
2

EL HUMORISMO

PRIMERA PARTE

Actividad 2

1. _____

2. _____

3. _____

4. _____

5. _____

Actividad 4
(Cues only)

1. Éste es de mejor calidad.
2. Éste es más raro.
3. Ésta es más hermosa.
4. Éste está mejor hecho.
5. Éste es más interesante.

6. Éste es más delicado.
7. Éste es más bonito.
8. Ésta es más delicada.
9. Ésta es más atractiva.
10. Ésta es de mejor construcción.

SEGUNDA PARTE

Actividad 2

1.	a	2.	a	3.	a	4.	a	5.	a
	b		b		b		b		b
	c		c		c		c		c

Actividad 4

1.	V F	3.	V F	5.	V F	7.	V F	9.	V F
2.	V F	4.	V F	6.	V F	8.	V F	10.	V F

Actividad 5

1. _____ vestido con una toga negra.

2. _____ justo y profesional.

3. _____ en la casa de correos.

4. _____ sorprendido.

5. _____ bueno y de mucha confianza.

Actividad 6

1. (Es / Está) interesado en el testamento sin puntuación.
2. (Es / Está) más inteligente que los interesados.
3. (Es / Está) aburrido de escuchar las varias interpretaciones.
4. (Es / Está) el más instruido de los presentes.
5. (Es / Está) el escribano de la corte.
6. (Es / Está) cansado de tanto escribir.
7. (Es / Está) redactando una carta a Lencho.
8. (Es / Está) un ladrón que no merece respeto.
9. (Es / Está) totalmente mojado.
10. (Es / Está) el granizo que cae muy fuerte.

Actividad 8

Dejo mis bienes a mi sobrino no a mi hermano tampoco jamás se pagará la cuenta del sastre nunca de ningún modo para los mendigos todo lo dicho es mi deseo yo Federico Álvarez.

Dejo mis bienes a mi sobrino no a mi hermano tampoco jamás se pagará la cuenta del sastre nunca de ningún modo para los mendigos todo lo dicho es mi deseo you Federico Álvarez.

Actividad 10

1.	a	3.	a	5.	a
	b		b		b
	c		c		c

2.	a	4.	a	6.	a
	b		b		b
	c		c		c

Galería de arte y vida   AUDIO ACTIVITIES

CUADRO

3

EL HEROÍSMO

PRIMERA PARTE

Actividad 2

1. _____
2. _____
3. _____
4. _____
5. _____
6. _____
7. _____
8. _____
9. _____
10. _____

Actividad 7
(Cues only)

1. Votaré por la Alianza. Se construirán más escuelas.
2. Voy a respaldar al gobernador. Él reducirá el número de empleados.
3. Estoy a favor de los conservadores. Habrá una reducción de impuestos.
4. No puedo ayudar a los liberales. Dejarán de gastar en proyectos innecesarios.
5. Me gusta el proyecto del senador Pérez. Incluye un período máximo de vigor.
6. No acepto un incremento de armas. La administración no explicará por qué.

Actividad 9

| 1. V F | 3. V F | 5. V F | 7. V F |
| 2. V F | 4. V F | 6. V F | 8. V F |

Actividad 11

1. a	2. a	3. a	4. a
b	b	b	b
c	c	c	c

SEGUNDA PARTE

Actividad 2

1. a
   b
   c

2. a
   b
   c

3. a
   b
   c

4. a
   b
   c

5. a
   b
   c

6. a
   b
   c

7. a
   b
   c

8. a
   b
   c

Actividad 9

1. a
   b
   c

2. a
   b
   c

3. a
   b
   c

4. a
   b
   c

5. a
   b
   c

Actividad 12

1. V F
2. V F

3. V F
4. V F

5. V F
6. V F

7. V F
8. V F

Galería de arte y vida AUDIO ACTIVITIES

CUADRO
4

EL INDIO

PRIMERA PARTE

Actividad 2

1. _____
2. _____
3. _____
4. _____
5. _____
6. _____
7. _____

Actividad 3

1. _____
2. _____
3. _____
4. _____
5. _____
6. _____
7. _____
8. _____
9. _____
10. _____

Actividad 5

(Cues Only)

1. Yo elijo ponerme a estudiar en seguida.
2. Yo corrijo los errores en los deberes.
3. Yo pido ayuda con los problemas difíciles.
4. Yo advierto a mamá de un conflicto.
5. Yo sugiero una solución para evitar molestias.
6. Yo mido el líquido con cuidado en el laboratorio.
7. Yo muero en el primer acto en la comedia.
8. Me sonrío varias veces.
9. Yo hiero al protagonista sin intención.
10. Yo sirvo de intérprete en la recepcíon panamericana.

Actividad 6

(Cues only)

1. llegar a tiempo / beber un refresco
2. averiguar el número / llamar en seguida
3. santiguarse en la capilla / rezar
4. correr hacia la tía / abrazarla
5. ver el fuego / apagarlo
6. poseer un Porsche / conservarlo bien
7. ver el documento / destruirlo
8. huir de la hacienda / cazar en el monte
9. tocar a la puerta / apaciguar a los que peleaban
10. construir una casa / pagarla en cinco años

Actividad 8

1. a. la ciudad de México
    b. en valle de México
    c. Tenochtitlán

2. a. maguey
    b. cacao
    c. adobe

3. a. maguey
    b. metate
    c. fibras

4. a. maguey
    b. maíz
    c. cacao

5. a. calabazas
    b. cacao
    c. maíz

Actividad 10

1. indios   misioneros
2. indios   misioneros
3. indios   misioneros
4. indios   misioneros
5. indios   misioneros
6. indios   misioneros
7. indios   misioneros
8. indios   misioneros

SEGUNDA PARTE

Actividad 2

1. V F 　　3. V F 　　5. V F 　　7. V F
2. V F 　　4. V F 　　6. V F 　　8. V F

Actividad 6

1. V F 　　3. V F 　　5. V F 　　7. V F
2. V F 　　4. V F 　　6. V F 　　8. V F

Actividad 8

1. **a.** que el indio es vago, evasivo y misterioso
    b. que el indio es augusto como el Ande
    c. que el indio implorar a Dios

2. **a.** de impenetrable corazón
    b. de una sabia indiferencia
    c. alegre

3. **a.** a las montañas y el mar
    b. a una raza antigua y misteriosa
    c. a los que hacen preguntas

4. **a.** abierto
    b. alegre
    c. inpenetrable

5. **a.** pensativo
    b. orgulloso
    c. enigmático

CUADRO
5

LA LEYENDA

PRIMERA PARTE

Actividad 2

1. _____
2. _____
3. _____
4. _____
5. _____
6. _____
7. _____
8. _____
9. _____
10. _____

Actividad 4
(Cues only)

1.	65 euros	5.	25 euros
2.	30 euros	6.	3 euros
3.	200 euros	7.	15 euros
4.	5 euros	8.	18 euros

Actividad 6

1. V F	3. V F	5. V F	7. V F	9. V F
2. V F	4. V F	6. V F	8. V F	

Actividad 8

1. V F	3. V F	5. V F	7. V F	9. V F
2. V F	4. V F	6. V F	8. V F	

SEGUNDA PARTE

Actividad 2

1. a   2. a   3. a   4. a   5. a
   b   b   b   b   b
   c   c   c   c   c

Actividad 3

(Cues only)

1. Carlos / nosotros: oír el rugir de los leones
2. nosotros / ellos: ver los elefantes
3. tú / tu hermano: subir al camello
4. nosotros / Pablo: dar cacahuates a los chimpancés
5. yo / los otros chicos: volver a la casa de los pájaros
6. la cebra / dos tigres: romper las cadenas
7. mi tío / yo: sacar fotos de los pandas
8. papá / tú: abrir un paquete de película a colores
9. yo / los fotógrafos profesionales: romper la cámara
10. yo / Lucía: leer el horario de las presentaciones
11. Adrián / nuestros sobrinos: decir su nombre al payaso
12. Elena / yo: comer palomitas calientes

Actividad 6

	Peregrinos	Aves
1.		
2.		
3.		
4.		
5.		
6.		
7.		
8.		
9.		
10.		
11.		
12.		

Actividad 8

1. V   F   3. V   F   5. V   F   7. V   F
2. V   F   4. V   F   6. V   F   8. V   F

Actividad 10

1. a   2. a   3. a   4. a   5. a
   b   b   b   b   b
   c   c   c   c   c

CUADRO
6

SENTIMIENTOS Y PASIONES

PRIMERA PARTE

Actividad 2
1. V F   3. V F   5. V F   7. V F   9. V F
2. V F   4. V F   6. V F   8. V F   10. V F

Actividad 8

_____

_____

_____

_____

SEGUNDA PARTE

Actividad 2
1. a   3. a   5. a   7. a   9. a
   b   b   b   b   b
   c   c   c   c   c

2. a   4. a   6. a   8. a   10. a
   b   b   b   b   b
   c   c   c   c   c

Actividad 7
1. V F   3. V F   5. V F   7. V F   9. V F
2. V F   4. V F   6. V F   8. V F   10. V F

CUADRO
7

TIERRA Y LIBERTAD

PRIMERA PARTE

Actividad 2

1. a
    b
    c

2. a
    b
    c

3. a
    b
    c

4. a
    b
    c

5. a
    b
    c

6. a
    b
    c

7. a
    b
    c

8. a
    b
    c

Actividad 7

(Cues only)

1. Yo cerré las llaves del agua. Las tuberías no se congelaron.
2. Papá puso las cadenas en las llantas. Hacía mucho frío.
3. Antes de salir nos pusimos un suéter y una gorra. No nos resfriamos.
4. Sacamos más ropa pesada de los roperos. Duró el frío más tiempo de lo ordinario.
5. Hice un fuego en la chimenea. Nos reunimos y nos calentamos allí.
6. Tú pusiste las cobijas eléctricas en las camas. Dormimos cómodamente.
7. Me quedé adentro. Comenzó a nevar.
8. Mi hermana preparó café y chocolate caliente. Bebimos algo caliente.
9. Prometí sacar las cenizas. Me pagaron.
10. Todos escuchábamos las noticas meteorológicas. Pronosticaron un cambio repentino.

Actividad 9

1. a
    b
    c

2. a
    b
    c

3. a
    b
    c

4. a
    b
    c

5. a
    b
    c

SEGUNDA PARTE

Actividad 2

1. V F
2. V F
3. V F
4. V F
5. V F
6. V F
7. V F
8. V F
9. V F
10. V F

SEGUNDA PARTE

Actividad 2
1. V F		3. V F		5. V F		7. V F		9. V F	
2. V F		4. V F		6. V F		8. V F		10. V F	

Actividad 3
(Cues only)
1. Tuvimos que pernoctar sobre el elevado picacho. Fue desagradable.
2. No nos dieron nada de comer. Fue una lástima.
3. Me senté junto a ellos. Fue necesario.
4. El subalterno contó cuántos presos había allí. El coronel le ordenó.
5. Yo les ofrecí tabaco. Fue importante.
6. Ellos me hicieron caso. Fue difícil.
7. Hablé con ellos en tono serio. Fue neceasario.
8. Comenzaron a hablar conmigo. Me sorprendió.
9. Ellos creían que era peligroso confiar en mí. Era probable.
10. Nos dimos cuenta de que compartíamos los mismos deseos. Era inevitable.
11. Huimos de allí silenciosamente. Fue urgente.
12. Salimos en busca de una vida mejor. Fue necesario.

Actividad 4
1. La casa de mis primos no estaba cerca de buenas escuelas.
2. Esa casa no costó más de $100.000.
3. El coche de los Sres. Sáenz no rendía bien en la carretera.
4. Su coche requería un execeso de mantenimiento.
5. Su coche no vino con frenos de aire.
6. Su coche no tenía asientos para seis personas.
7. En nuestra oficina había una persona que sabía usar los ordenadores.
8. Había una persona que tenía experiencia en contabilidad.
9. Había una persona que hablaba español y un poco de francés.
10. Encontré un libro que podía llevar a casa.

Actividad 7
1. V F		3. V F		5. V F		7. V F	
2. V F		4. V F		6. V F			

CUADRO
8

EL ÚLTIMO VIAJE

PRIMERA PARTE

Actividad 2

1. V F   3. V F   5. V F   7. V F   9. V F
2. V F   4. V F   6. V F   8. V F   10. V F

Actividad 9

1. a   4. a   7. a   10. a
   b   b   b   b
   c   c   c   c

2. a   5. a   8. a   11. a
   b   b   b   b
   c   c   c   c

3. a   6. a   9. a
   b   b   b
   c   c   c

SEGUNDA PARTE

Actividad 2

1. V F   4. V F   7. V F
2. V F   5. V F   8. V F
3. V F   6. V F   9. V F

Actividad 3

1. ¡Es para_____! ¡Fenomenal!
2. ¡Es para_____! ¡Qué emocionante!
3. ¡Es para_____! ¡Estupendo!
4. ¡Es para_____! ¡Qué bien huele!
5. ¡Son para _____! ¡Deliciosos!
6. ¡Es para_____! ¡Maravilloso!
7. ¡Son para _____! ¡Enhorabuena!
8. ¡Son para _____! ¡Buen viaje!
9. ¡Es para_____! ¡Fenomenal!

Actividad 7

1. a
   b
   c

2. a
   b
   c

3. a
   b
   c

4. a
   b
   c

5. a
   b
   c

6. a
   b
   c

7. a
   b
   c

8. a
   b
   c

9. a
   b
   c

10. a
    b
    c

CUADRO
9

CAPRICHOS DEL DESTINO

PRIMERA PARTE

Actividad 2

1. V F   3. V F   5. V F   7. V F   9. V F
2. V F   4. V F   6. V F   8. V F   10. V F

Actividad 8

1. a	3. a	5. a	7. a	9. a
b	b	b	b	b
c	c	c	c	c
2. a	4. a	6. a	8. a	10. a
b	b	b	b	b
c	c	c	c	c

SEGUNDA PARTE

Actividad 2

1. a	3. a	5. a	7. a	9. a
b	b	b	b	b
c	c	c	c	c
2. a	4. a	6. a	8. a	10. a
b	b	b	b	b
c	c	c	c	c

Actividad 4

Carmen

Mario

José Luis

1. a   b   c

Nuestra casa

la casa de mis abuelos

la casa de mis tíos

2. a   b   c

tu familia

mi familia

3. a   b   c

el coche de mis padres
200 k/h

mi coche
80 k/h

el coche de Mario Andretti
800 k/h

4. a   b   c

Pepe   el Sr. Paz   la Sra. Luna

5. a   b   c

Actividad 7

1. V   F
2. V   F
3. V   F
4. V   F
5. V   F
6. V   F
7. V   F
8. V   F
9. V   F
10. V   F

CUADRO
10

LA MUJER

PRIMERA PARTE

Actividad 2

1. V F   3. V F   5. V F   7. V F   9. V F
2. V F   4. V F   6. V F   8. V F   10. V F

Acitividad 3

(Cues only)

1. Aquí viene una señora. Fue educada para ser ama de casa.
2. ¿Conoces a esa pobre mujer? Le tiene que pedir todo a su marido.
3. Estoy orgulloso de mi hermana. Se ha liberado y puede tomar decisiones propias.
4. Ayer vi a tu tía. Recibió una educación adecuada para enfrentarse a los probelmas actuales.
5. Admiro a la mujer moderna. Busca su identidad para ser igual a todos.
6. He hablado con una triste mujer. Se siente defraudada por la sociedad de hoy.
7. Me ha escrito una prima mía. Ha logrado obtener su independencia.
8. Escucho a las "nuevas madres." Reconocen la necesidad de educar mejor a los hombres.
9. Es interesante saber. La mujer puede votar y trabajar fuera de casa.
10. Respeto a la mujer. Se ha preparado bien para encontrar el éxito y la felicidad.

Actividad 4

(Cues only)

1. Los franceses son de Niza. Yo salgo con ellos.
2. El señor comparte las mismas ideas con su mujer. Trabajo con él.
3. Muchas "carrozas" critican el movimiento. Los jóvenes se ríen de ellas.
4. Conocí a unas chicas que quieren ser independientes. Caminé con ellas un rato.
5. ¿Son aquéllas las señoras? Mandaste los libros a ellas.
6. Las mujeres se sienten humilladas pidiendo dinero a sus maridos. Entrevisté a ellas.
7. La señora es considerada, justa, leal y jovial. Trabajo con ella.
8. No dirán—Allá van las mujeres. Les quitaron sus derechos a ellas.
9. La igualdad está al alcance. Es para las que trabajan por ella.

Actividad 6

1. a   3. a   5. a   7. a   9. a
   b   b   b   b   b
   c   c   c   c   c

2. a   4. a   6. a   8. a   10. a
   b   b   b   b   b
   c   c   c   c   c

SEGUNDA PARTE

Actividad 2

1. V F   3. V F   5. V F   7. V F   9. V F
2. V F   4. V F   6. V F   8. V F   10. V F

Actividad 3

(Cues only)

1. El marido ayuda con los quehaceres domésticos. (ahorrar dinero)
2. El marido ayuda con los quehaceres domésticos. (darle más tiempo a su mujer)
3. El marido ayuda con los quehaceres domésticos. (mejorar las relaciones entre ellos)
4. El padre lee cuentos a los niños. (agradecerle)
5. El padre lee cuentos a los niños. (gustarles)
6. El padre lee cuentos a los niños. (sorprender a los abuelos)
7. Los hijos no ayudan en casa. (hacer más duro el trabajo de la madre)
8. Los hijos no ayudan en casa. (enojarle a la madre)
9. Los hijos no ayudan en casa. (mostrar su falta de consideración)

Actividad 7

1. V F   3. V F   5. V F   7. V F   9. V F
2. V F   4. V F   6. V F   8. V F   10. V F

Notes

Notes

Notes

Notes

Notes

Notes